当代高等教育研究与探索系列丛书

贵州省新建本科院校大学生学习动机研究

刘雍江 ◎ 著

西南交通大学出版社
·成 都·

图书在版编目（CIP）数据

贵州省新建本科院校大学生学习动机研究 / 刘雍江著. —成都：西南交通大学出版社，2020.9
ISBN 978-7-5643-7582-9

Ⅰ. ①贵… Ⅱ. ①刘… Ⅲ. ①大学生 – 学习动机 – 研究 – 贵州 Ⅳ. ①G645.5

中国版本图书馆 CIP 数据核字（2020）第 162905 号

Guizhou Sheng Xinjian Benke Yuanxiao Daxuesheng Xuexi Dongji Yanjiu
贵州省新建本科院校大学生学习动机研究
刘雍江 著

责任编辑	孟秀芝
助理编辑	何宝华
封面设计	原谋书装
出版发行	西南交通大学出版社 （四川省成都市金牛区二环路北一段 111 号 西南交通大学创新大厦 21 楼）
发行部电话	028-87600564　028-87600533
邮政编码	610031
网　　址	http://www.xnjdcbs.com
印　　刷	成都蜀通印务有限责任公司
成品尺寸	170 mm × 230 mm
印　　张	11.75
字　　数	163 千
版　　次	2020 年 9 月第 1 版
印　　次	2020 年 9 月第 1 次
书　　号	ISBN 978-7-5643-7582-9
定　　价	69.00 元

图书如有印装质量问题　本社负责退换
版权所有　盗版必究　举报电话：028-87600562

目录

第 1 章 新建本科院校与学习动机概述 …………………… 001

    第一节　贵州新建本科院校概况 ………………………… 001

    第二节　学习动机概念及其理论 ………………………… 004

    第三节　学习动机的研究现状 …………………………… 007

第 2 章 学习动机相关变量研究概况 ……………………… 015

    第一节　专业认同研究概况 ……………………………… 015

    第二节　学校归属感研究概况 …………………………… 020

    第三节　生活满意度研究概况 …………………………… 023

第 3 章 研究的问题、意义、思路与研究方法 …………… 027

    第一节　研究的问题 ……………………………………… 027

    第二节　研究意义与研究思路 …………………………… 028

    第三节　研究方法 ………………………………………… 030

第 4 章　贵州新建本科院校大学生学习动机现状 ……… 037

第一节　学习动机及其在个体背景变量上的差异的
　　　　基本情况 ……………………………………… 037
第二节　学习动机及其在个体背景变量上的差异的
　　　　现状分析 ……………………………………… 053

第 5 章　贵州新建本科院校大学生专业认同现状 ……… 062

第一节　专业认同及其在个体背景变量上的差异的
　　　　基本情况 ……………………………………… 062
第二节　专业认同及其在个体背景变量上的差异的
　　　　现状分析 ……………………………………… 071

第 6 章　贵州新建本科院校大学生学校归属感现状 ……… 077

第一节　学校归属感及其在个体背景变量上的差异的
　　　　基本情况 ……………………………………… 077
第二节　学校归属感及其在个体背景变量上的差异的
　　　　现状分析 ……………………………………… 086

第 7 章　贵州新建本科院校大学生生活满意度现状 ……… 093

第一节　生活满意度及其在个体背景变量上的差异的
　　　　基本情况 ……………………………………… 093
第二节　生活满意度及其在个体背景变量上的差异的
　　　　现状分析 ……………………………………… 104

第 8 章 贵州新建本科院校大学生专业认同与学习动机的关系 ·················· 109
第一节 专业认同与学习动机的关系检验 ·················· 109
第二节 专业认同与学习动机的关系分析 ·················· 113

第 9 章 贵州新建本科院校大学生学校归属感与学习动机的关系 ·················· 115
第一节 学校归属感与学习动机的关系检验 ·················· 115
第二节 学校归属感与学习动机的关系分析 ·················· 119

第 10 章 贵州新建本科院校大学生生活满意度与学习动机的关系 ·················· 121
第一节 生活满意度与学习动机的关系检验 ·················· 121
第二节 生活满意度与学习动机的关系分析 ·················· 125

第 11 章 贵州新建本科院校大学生专业认同对学习动机的影响
——学校归属感、生活满意度的中介作用 ·················· 128
第一节 学校归属感、生活满意度在专业认同与学习动机之间的链式中介作用检验 ·················· 129
第二节 学校归属感、生活满意度在专业认同与学习动机之间的链式中介作用分析 ·················· 135

第 12 章　学习动机相关因素的补充调查 ············ 137

　　第一节　研究问题与方法 ················· 137
　　第二节　学习动机及其关联变量的描述性分析 ······ 139
　　第三节　学习动机的影响因素分析 ············ 144

第 13 章　研究结论、建议、不足与展望 ············ 149

参考文献 ································ 160

附录 1　学习动机及其相关因素调查问卷 ············ 171

附录 2　学习情况调查问卷 ···················· 180

第一章

新建本科院校与学习动机概述

第一节 贵州新建本科院校概况

一、新建本科院校的界定及现状分析

近年来,我国为促进高等教育的跨越式发展,将不同层次的高校特别是专科学校重组、合并(其中包括一些中专、职业学校),形成了一批新的普通本科院校。这些本科院校为推动我国高等教育走向大众化注入了新的强劲力量。有研究者认为新建本科院校是指自 1999 年以来,由专科独立或者多所不同层次、不同类型学校合并升格的新型本科院校[1],也有研究者认为自1998年以来新兴的本科层次的地方性办学群体属于新建本科院校[2]。而根据《新型大学新成就——百所新建院校合格评估绩效报告》和《全国新建本科院校教学质量监测报告》,所谓"新建本科院校",指教育部 2000 年以后批准设立的本科院校。本书中的新建本科院校主要是 2000 年及以后建立或升格而成的地方本科院校。这类本科院校大多位于省会外地级行政区,甚至是当地唯一的本科院校[3]。它们有几个突出的特征:一是新建,即本科办学时间不长;二是隶属于地方;三是普通本科院校。

有关报告指出，2000—2015年短短的16年时间里，我国新建本科院校（含独立学院）共678所，占全国普通本科院校的55.6%，占据了本科院校的"半壁江山"，堪称我国高等教育发展的一个跨越。不过需要注意的是，这些新建的本科院校与老牌的本科院校，特别是"985""211"高校相比，由于起步较晚，还存在不少问题。比如师资结构不合理、教育经费不足、社会声望不高、缺乏办学自主权、新建专业过多、专业设置趋同、管理水平较低、缺乏文化积淀等。这些问题逐渐成为制约新建本科院校发展的重要因素。本研究结合贵州新建地方院校实际，仅就其中几个比较突出的问题展开综述。

首先，教育经费投入不足。这成为制约地方性本科院校特别是西部新建本科院校发展的瓶颈。因为新建本科院校的投资者主要是地方政府，地方政府投入经费的多少往往取决于地方的经济水平和决策层的重视程度。有研究指出，地方院校获得的经费投入与重点院校相去甚远，如2010年、2011年、2012年地方高校生均教育经费分别为6 360.68元、7 302.79元、9 054.12元，而这三年中央高校经费的投入分别为37 961.79元、41 111.86元、45 963.72元[3]。按照《教育部办公厅关于开展普通高等学校本科教学工作合格评估的通知》规定：教学日常运行支出占经常性预算内教育事业费拨款与学费收入之和的比例应大于等于13%，生均年教学日常运行支出应大于等于1200元[4]。卞良（2015）对224所取样学校的研究发现，有61所院校的生均年教学日常运行支出未达标，甚至有35所院校的这两个指标均未达标。办学经费的短缺使得新建本科院校办学条件艰苦，比如藏书量、实验室、仪器设备、教学楼等都十分紧张，办学质量难以得到保证[5]。

其次，师资力量薄弱，教师队伍结构不够合理。有研究指出，虽然随着扩招力度的加大，新建本科院校的教师数量随着学生人数的增加而增加，但教师的增长速度依然远滞后于学生的增加速度。有研究对226所院校的调查发现，取样院校的生师比竟然高达19.5∶1，高于全国普通本科院校（不含独立学院）的生师比17.5∶1。且在所取样本院校中，竟然有 73%（165 所）的新建本科院校未达到生师比的基本办学条件合格标准，甚至还有 14.16%（32 所）的院校进入了限制招生的行列[5]。

最后，校园缺乏文化积淀。有研究指出，全国 600 余所新建本科院校多半属于迁址新建。大部分的新建院校完成了学校基础设施建设，并且有的校园建设得还相当不错。但是与校园的新貌相比，学校自身文化内涵的建设和挖掘尚显不足。学校没有将过去积淀下来的文化渗透到校园布局以及建筑当中，更没有将学校所在地域的优秀传统文化融入学校建设的整体规划与建筑之中，使校园片面追求物质环境建设，整体缺乏应有的精神文化风貌[6]。当然，对于基础建设尚未完成的学院来说更是如此。

二、贵州新建本科院校的基本状况

贵州省处于中国的西南部，属于教育欠发达地区。随着近年来经济社会的发展和政府对高等教育的重视，自 2000 年以来，贵州地区通过合并升格、重组升格、独立升格和转设（独立院校）等先后组建了不少普通本科院校。截至 2018 年 10 月，贵州新建本科院校（包括独立学院）达 22 所。它们主要以服务贵州省经济社会发展为办学定位，对接社会人才需求，以专业为主要办学依托，通过应用型本科教育，培养满足贵州省业界和劳动力市场阶段性实际需求的高素质、高层次应用型人才[7]。贵州新建的本科院校具备前面所述的那些共性问题，比如管理水平较低、师资力量薄弱、校园文化积淀缺乏等。此外，还存在一些具有"地区特色"的问题。比如，新建院校主要实施"省地（市、州）共管、以地（市、州）为主"的管理体制。有一半的新建院校位于省城，另一半处于地（市、州）级中心城市，在经费投入、自主管理权限、办学权利等方面实施有别于老牌院校的管理机制，这使得新建本科院校的发展处在非常不利的地位，面临一系列的特殊困难[8]。特别是受地方经济发展水平的限制，政府投入的建设经费及办学经费不足，导致有的新建院校甚至未全部完成基础设施建设。这严重制约了新建本科院校的办学质量和发展速度。在这些学校就读的大学生面临学习资源相对不足、生活条件相对落后、校园文化不够丰富、教学及管理水平相对落后、校园基础设施老旧等诸多问题。这可能会对他们的学习动力、专业认同及学校归属感、生活满意度等方面造成不良影响，成为制约人才培养质量的一个瓶颈问题。

第二节 学习动机概念及其理论

一、学习动机的概念界定

动机是解释人们为什么产生或执行某一行为的理论概念。它是激发和维持个体进行活动，并导致该活动朝向某一目标的心理倾向或动力。学习动机是驱动学习行为的一种动力。具体研究中，不同的研究者对学习动机做了不同界定。如冯现刚等（2011）指出学生的学习动机主要是由其学习需要引起并指向一定学习目标的一种心理倾向和态度，是大学生学习活动得以发动、维持、进行直至完成的内在动力，驱使大学生的学习活动朝着一定的目标前进[9]。刘启刚等（2015）将学习动机定义为引发与维持学生学习行为，并使之指向一定学业目标的内在心理动力倾向[10]。张干群等（2016）提出学习动机指的是学习活动的推动力，是推动学生进行学习活动的内在原因，是激励和指引学生进行学习的一种需要[11]。而史雅静等（2016）的研究将学习动机定义为激发个体的学习行为、维持已引发的学习活动并促使个体的学习活动朝向一定的学习目标的个体内部启动机制[12]。此外，要海玲（2013）将学习动机看作一种重要的非智力因素，是推动学生进行学习的核心力量，它通过影响学生学习的投入水平来影响学生的学习效果和学生能力的提高[13]。这些定义都强调了学习动机是驱动个体产生学习行为的动力。概括而言，学习动机就是指引发和维持个体学习活动，并将学习活动指向一定学习目标的动力机制。

二、学习动机的理论

动机理论的发展大致经历了动机的本能理论时期、动机的驱力理论时期以及动机的认知理论时期[14]。不同的理论站在不同的角度从某个侧面对动机进行了解释。这里主要介绍与本研究关注的问题有关的三种学习动机理论。

（一）强化理论

学习动机的强化理论属于行为主义的动机观，行为主义将动机看作是一种对奖励和激励的反馈，很大程度上由学生的外部资源决定。该理论认为人的学习行为倾向完全取决于行为与刺激的联系是否受强化而稳固，受到强化的行为比没受强化的行为更倾向于再次出现。行为主义模型建议教师通过加强有目的学习行为（课堂的专注力、任务完成的细致和彻底程度、讨论的思考性和频繁程度）来培养有动机的学生，并鼓励学生保持优良传统。而对于不能立刻投入这些行为训练的学生，可以通过强化其正确行为加以改善。对于那些不恰当的行为，可以通过不强化使其消失，也可以通过惩罚使之改正。

（二）需要层次理论

马斯洛的需要层次理论指出，任何人的行为动机都是在需要发生的基础上被激发起来的，并且需要是按层级排列的，从最低到最高分别为五个层级，即生理需要、安全需要、归属和爱的需要、尊重需要、自我实现需要。马斯洛认为，只有低一级的需要得到满足或至少得到部分满足之后，高一级的需要才会产生。在学习中，这意味着只有学生低等级需求（如生理、安全、归属与爱等）被满足了，他们才会把精力放在高层次需求上（如求知、审美、自我实现等）。此外，越是低层次的需要，越为大多数人所共有，也越容易获得满足。对于高层次的需要来说，能真正产生这种需要的人很少,而且其满足的百分比也较小(指满足的相对程度)。

(三)自我决定理论

20世纪80年代,美国心理学家德西(Deci Edward L.)和瑞安(Ryan Richard M.)等人提出了自我决定理论(Self-Determination Theory,简称SDT),它是人本主义思想在动机领域的集中体现[15]。自我决定理论认为,自我决定是"一种关于经验选择的潜能,是在充分认识个人需要和环境信息的基础上,个体对行动所做出的自由的选择"[16]。自我决定理论有四个分支,分别为基本心理需求理论(Basic psychological need theory)、认知评价理论(Cognitive evaluation theory)、有机整合理论(Organismic integration theory)和因果定向理论(Causality orientation theory)。由于基本心理需要理论、有机整合理论与本研究关系最密切,因此对这两个理论做简要介绍。

1. 基本心理需求理论(Basic Psychological Needs Theory)

基本心理需求理论认为人有三种基本心理需求:胜任需求、归属需求和自主需求(或自我决定需求)。胜任需求是指个体知道如何获得外在和内在的结果,并可以有效地从事某项活动,这一概念类似于班杜拉自我效能感;归属需要是指个体可以很好地与他人发展一种安全、令其感到满足的关系,并体验到被关爱、被支持和归属感;自主需要是指个体采取主动并自主调节行为的需要,个体参与某项活动时有主宰感,感到可以充分控制自己的行为。基本心理需求理论认为人产生动机的原因主要是这三种需求得到满足,自主需求的满足是人能够自我决定的前提[17]。

2. 有机整合理论

有机整合理论主要根据自我决定程度的不同将外在动机分成不同维度,并研究了促使外在动机内化的条件。该理论将动机划分为内在动机、外在动机和无动机三种类型。个体的外部动机可以通过内化过程逐步整合为内在动机。在外在动机的内化过程之中，研究者依据自我决定程度的不同，由低到高将外在动机分为外部调节、内摄调节、认同调节和整合调节四种类型。由于外部调节、内摄调节主要是迫于外部压力而行动，自我决定程度低，因此又被称为受控动机（Controlled Motivation），受控动机指的是个体出于内部内疚或外部他人的要求压力而产生从事某行为的动机[18]。认同调节、整合调节以内部控制为主，自我决定程度高，因此又被称为自主动机（Autonomous Motivation）。自主动机指的是"个体出于自己的意愿和自由选择如兴趣、个人信念而从事某行为的动机"[19]。具体模型图见图1。

总之，从自我决定理论出发，自我决定学习动机强调的是学习活动的自主性、行为的自愿自发性，突出内在动机的重要性。动机是一个由无动机向内部动机不断转化的连续变化过程，当胜任需求、归属需求和自主需求三种内在需求得到满足时，内在动机便得以提高。

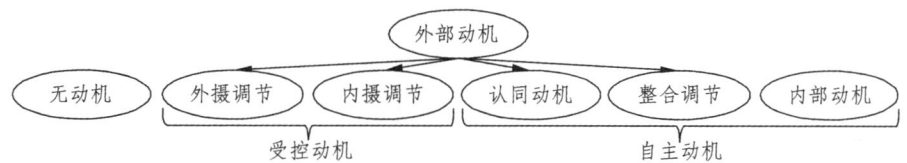

图 1　动机的自我决定理论对动机的划分

（引自索玉贤《大学生自我效能感、自我决定动机、学业拖延的关系研究》，华中师范大学硕士学位论文，2015年）

第三节　学习动机的研究现状

一、学习动机在个体背景变量上的差异研究

国内对学习动机现状的研究，大多集中于分析学习动机在个体背景变量上的差异。综合有关学习动机和自我决定学习动机的研究不难发现，

目前研究者主要关注学习动机在性别、年级、学校类型、学科、住宿方式、生源地等方面上的差异。根据过去不同研究所采用工具的差异，以下对这些研究结果进行分类综述。

暴占光（2006）的研究采用修订的《学习自我调节问卷》考察初中生的学习动机，发现在动机内化水平上，初中一年级得分最高，初三最低；男生高于女生。农村学生的动机内化水平显著高于城市学生[20]。李勇（2009）采用暴占光（2006）修订的《学习自我调节问卷》测量高中生的学习动机。其研究表明高中生的动机以认同性调节和内摄性调节为主，动机的自主性发展较好；男生的动机水平呈"两极化"分布；女生的内摄性调节得分显著高于男生。低年级的动机内化水平高于高年级[21]。张洁（2009）采用瑞安和康奈尔（Ryan & Connell，1989）编制的《学习自我调节问卷》对高中生的研究显示，高一学生自主性动机高于高二学生，女生高于男生，住校学生高于住家学生[22]，与李勇（2009）的研究结果部分一致。刘艳（2011）采用瑞安（Ryan）等（1989）编制的《学习自我调节问卷》对初一至高二学生的研究发现，中学生最主要的动机形式是认同调节。自我决定动机在年级上的差异显著。初一年级的自主性程度得分显著高于初二、初三、高二年级；初二年级显著低于其他各年级。此外，女生的内摄调节、认同调节得分均显著高于男生[23]。朱九扬（2014）使用德西和瑞安（Deci Ryan）编制的《学习自我调节问卷》对大学生学习动机进行研究发现，女生比男生的自主动机更高，女生的学习自主性更强。大一年级学生比大二年级学生自主动机更高，受控动机更低[24]。

要海玲（2013）采用加拿大心理学家罗伯特·J.维勒兰德（Robert J.Vallerand）编制的《自我决定动机量表》对中美大学生的研究表明：中国大学生的学习动机在年级、学科上存在显著差异。其具体表现为：大一、大四中国大学生的认同调节及自主性调节得分显著高于大二、大三学生；中国理工科大学生的内摄调节得分显著高于其他学科大学生；中国文科大学生的整合动机得分显著高于医科及理工科大学生；文科大学生在自主性调节得分上显著高于理科、医科大学生,而与艺术类大学生无显著差异。此外,中国大学生的自我决定学习动机在性别上不存在显著差异[13]。夏晓娟、廖凤林(2009)采用陈保华修订的《自我决定动机量表》对大学生的研究发现,女生的内部动机得分显著高于男生;文科生的内部动机得分显著高于理科生;理科生的无动机得分明显高于文科生[25]。

池丽萍、辛自强(2006)采用修订的《学习动机量表》对大学三年级学生进行研究,结果发现男生在内生动机分量表上的得分显著高于女生,在外生动机分量表的得分差异不显著[26]。牛更枫、涂勤建、孙晓军(2012)的研究采用《学习动机量表》测量免费师范生的学习动机,结果表明女生在学习动机的内生学习动机维度上的得分显著高于男生[27]。莫闲、袁媛(2008)使用自编的大学生学习动机整合水平评定量表,对八所高校的大学生进行测量,结果发现"211"学校学生的动机整合水平要显著高于普通学校,文科生显著高于理科生,男生显著高于女生。同时还存在年级间的显著差异,具体为一年级大学生的学习动机整合水平显著高于二、三年级学生,显著低于四年级学生[28]。陈玲玲(2013)采用自编问卷对小学生的研究发现,女生的回报动机与认知动机显著高于男生;低、中年级学生的学习动机强于高年级学生的学习动机;县城小学生的学习动机及各个维度(除去回报动机)得分显著高于农村小学生[29]。

此外,张干群、李明明、赵金静(2016)采用田澜编制的《大学生学习动机问卷》对大学生的研究发现,大学生学习动机存在显著年级差异,具体表现为大二的学习动机水平显著高于大一和大三,呈现出一种倒 U 型的发展模式。此外,该研究还得出了"学生经历调剂专业可能会降低学习动机"的结论[11]。禹云闪、文晓晓(2017)采用黄希庭等人编制的《大学生学习动机调查问卷》对独立学院理工科学生的研究表明:理工科学生学习动机水平为中等水平;男生的学习动机水平、社会取向动机水平、小群体取向动机水平均显著高于女生;大四学生的学习动机水平低于其他年级,大二、大三学生的学习动机水平较高,且最为接近。独生子女在害怕失败动机上的得分显著高于非独生子女[30]。

从以上研究可以看出，学习动机普遍存在性别、年级上的差异，在学习动机及其某个水平上既存在女生高于男生的情况（李勇，2009；夏晓娟、廖凤林，2009；张洁，2009；刘艳，2011；陈玲玲，2013；朱九扬，2014），也存在男生高于女生的情况（暴占光，2006；池丽萍、辛自强，2006；莫闲、袁媛，2008；禹云闪、文晓晓，2017），这可能与不同研究采用的测量工具及被试者不同有关系。另外，大部分研究表明低年级学生的学习动机及其某些水平高于高年级学生（暴占光，2006；李勇，2009；张洁，2009；陈玲玲，2013；禹云闪、文晓晓，2017），说明低年级学生在学习的自主性和适应性方面可能更积极。当然，学习动机也存在其他发展模式（莫闲、袁媛，2008；要海玲，2013；张干群、李明明、赵金静，2016），表现出随年级增长发生不同变化的多样性特点。

二、学习动机与相关变量的关系研究

学习动机除了在诸多个体背景变量（性别、年级、学科等）上表现出差异外，还与其他内在心理变量发生联系，它既可以作为前因变量与其他变量（如学业成绩、学习倦怠等）发生联系，也可以作为后果变量与其他变量（如社会支持、专业认同等）发生联系。

（一）学习动机与学习倦怠

学习倦怠反映了学生的消极学习心理，表现为学生对学习没有兴趣或缺乏动力却又不得不为之时产生的厌倦、疲乏、沮丧和挫折情绪，从而产生一系列不适当的逃避学习的行为[31]；或者是学生由于学习压力或缺乏学习兴趣而对学习感到厌倦的消极态度和行为[32]。许多研究证明，学习动机作为前因变量与学习倦怠产生联系。比如，马先明、孙荣山、桑运川、崔滢（2013）采用问卷法对292名大学一年级学生的研究发现：大学新生的学习动机与学习倦怠呈显著负相关[33]。贾宁、王美璇、代景华（2014）对高职生的学习倦怠状况及其影响因素的研究发现，学习动机中的内生动机与学习倦怠及行为不当、情绪低落两个维度均呈显著负相关，外生动机与学习倦怠及成就感低这一维度均呈显著正相关[34]。此外，也有研究探索学习动机作为后果变量与学习倦怠的关系。比如，常保瑞（2014）研究了地方高校学生的学习倦怠与学习动机的关系，发现学习倦怠与求知兴趣、能力追求、利他取向及内外学习动机总分呈显著负相关[35]。宫晓燕、田录梅、伦凤兰（2014）对高中生学习倦怠、学习效能感与学习动机的关系进行探究，发现学习倦怠与学习效能感及深层型动机均呈显著负相关[36]。对中美大学生的调查研究显示，学习倦怠总分与自主性调节动机均呈显著负相关关系，中国大学生的学习倦怠总分与控制性调节动机均呈显著正相关[13]。

（二）学习动机与社会支持

社会支持指的是个体从家庭成员、朋友、同事等周围重要他人中获得物质上和精神上的支持，减轻心理的应激状态，缓解紧张的情绪，从而提高社会适应能力[37]。有研究表明，社会支持与学习动机存在显著相关。比如，石学云（2005）探索学习障碍学生的社会支持、学习动机与学业成绩之间的关系，发现学习障碍学生和普通学生的社会支持和学习动机之间存在着显著差异。社会支持对学习动机有直接的影响，且社会支持需要通过学习动机因素间接影响学业成绩[38]。庞海波、邓婉仪（2011）对初中及高中学生的调查发现，社会支持、学习策略、学业自我效能感均与学习动机内化呈正相关关系[39]。高丙成、刘儒德（2011）对初中生社会支持的研究发现，社会支持对学习动机、学习策略和学业成绩等均有显著影响[40]。刘恋（2012）的研究表明，社会支持中的客观支持、主观支持、支持利用度对学习动机中的深层动机有预测作用，主观支持、支持利用度对成就动机有预测作用[41]。陈新叶（2003）从合作学习的角度探索社会支持和学习动机的关系，其研究结果表明社会支持对于学动机既有积极的促进作用，又有抑制作用[42]。王炎（2017）对初中生的研究发现，学习动机与社会支持呈现显著相关[43]。这些研究均把学习动机作为后果变量，探索它与社会支持的关系。这些对不同对象的研究均表明，社会支持与学习动机之间存在关联，普遍表现为社会支持对学习动机存在预测作用。

（三）学习动机与专业认同

专业认同是指学习者在认知了解所学习的学科的基础上，对其产生的情感上的接受和认可，它伴随着积极的外在行为和内心的适切感，是一种情感、态度乃至认识的移入过程[44]。已有研究表明，专业认同与学习动机存在紧密联系。比如，张干群、李明明、赵金静（2016）对本科生[11]，赵慧勇、宁静（2013）对高职生[45]，李杰、刘洋、陈丽丽（2014）对农村订单定向免费医学生[46]的研究均发现专业认同和学习动机存在显著相关，且三个研究均探讨了学习动机作为自变量对专业认同的预测作用。而另一些研究则探讨学习动机作为后果变量与专业认同的关系。比如，何木叶、毛志强（2016）对学前教育专科生的研究发现，专业认同与学习动机存在显著相关，专业认同对学习动机有一定影响（适切性认同能解释内生动机 2.4%的变异，情感性认同能解释外生动机 1.2%的变异）[47]。赵以文、袁潇、李永娟（2016）对中职学生的研究发现，专业认同高的学生学习动机更强，专业课成绩也更好；专业认同通过外部动机对专业课成绩有显著正向预测作用[48]。此外，禹云闪、文晓晓（2017）发现，专业认同度与学习动机中的求知进取、社会取向动机水平呈显著正相关，与害怕失败动机呈显著负相关[30]。以上研究表明，专业认同和学习动机之间的关系比较复杂，他们之间互相影响，是个循环往复的过程。

（四）学习动机与生活满意度

周广亚（2011）使用《大学生自我控制量表》《大学生学习适应量表》

和《生活满意度量表》对大学生的研究发现：大学生的自我控制、学习适应对生活满意度有一定的影响；自我评价、学习动机对生活满意度有显著的预测作用[49]。这表明，加强学习中的自我控制、提高适应水平、增强自我评价和学习动机，均能改善生活满意度。曹冲、胡义秋（2016）采用《主观幸福感量表》《中学生学习动机问卷》和《SCL-90症状自评量表》探究了技校学生学习动机、主观幸福感和心理健康的关系，结果发现生活满意度、积极情感得分与动机太强、动机太弱、学习兴趣、学习目标等的得分呈显著负相关[50]。牛更枫、涂勤建、孙晓军（2012）从积极心理学视角对免费师范生的主观幸福感、心理韧性、学习动机之间的关系进行考察，发现女生在生活满意度上的得分显著高于男生；主观幸福感的生活满意度和积极情绪维度、心理韧性与学习动机存在显著的正相关关系；中介效应分析发现，免费师范生的心理韧性在主观幸福感（积极情绪、生活满意度）和学习动机的关系中的中介作用显著[27]。这些研究表明，学习动机和生活满意度之间存在显著相关，并且有的研究探究学习动机对生活满意度的预测作用，也有研究探究学习动机对生活满意度的影响机制。

（五）学习动机与学校归属感

赵联防、陈志铅（2012）采用赵秋利等人编制的《学习动力评定量表》和包克冰、徐琴美修订《学校归属感问卷》测量大学生的学习动力和学校归属感的关系，结果发现二者存在显著正相关[51]。周逍雅、林盛（2015）采用改编的古德诺（Goodenow）的学校归属感量表、希尔（Hill）的工作偏好量表和美国大学生学习投入问卷对大学生施测，结果发现大学生的学校归属感与他们的学习动机、学习投入度和学习成绩存在显著正相关，并且学校归属感的学校融入、学校价值、同伴关系和教师支持维度可作为大学生学习动机和学习投入度的预测指标[52]。可见学校归属感与学习动机之间存在密切关系。

（六）学习动机与其他变量的关系研究

学习动机除了与专业认同、社会支持、学习倦怠、学校归属感、生活满意度存在相关之外，还与学习拖延、学业拖延（陈保华，2007[53]；夏晓娟，2009[25]；笪丹丹，2015[19]；杨阳，2018[54]），自我效能感（宁良强，2009[55]；索玉贤，2015[15]）存在显著相关关系，并且学习动机受到家庭因素和社会因素的影响（蔡卡宁，2015[56]）。国外学者研究发现，自我决定中的受控动机与较高的辍学率、不良的学习态度显著正相关；自主动机与适应性的学习态度、学业成功和个人幸福感呈显著正相关（范斯泰恩基斯特等，2005[57]）。此外，自我决定学习动机与学业表现、身心健康等也有联系。有研究发现，自主性动机（同自我决定动机）能够促进更好的概念理解（格罗尔尼克&瑞安，1987[58]）；与更高的学习成绩有关（布莱克&德西，2000[59]）；还有研究发现，自主性动机（同自我决定动机）与更好的偏见控制有关（勒高等，2007[60]）；与健康的生活方式和良好的行为有关（佩尔蒂埃等，2004[61]）。同时，自主性动机可以预测更高水平的心理健康（瑞安等，1993[62]），并会在心理治疗过程中得到更好的结果（祖罗夫等，2007[63]）。

第二章 学习动机相关变量研究概况

与学习动机密切相关的心理因素是多方面的，比如学习倦怠、社会支持、专业认同、学业拖延、自我效能感等。本研究主要从新建本科院校的实际出发，从人本主义动机理论、自我决定学习动机出发，寻找专业认同、学校归属感、生活满意度等与学习动机的相关关系。探讨这三个变量在多大程度上对新建本科院校大学生学习动机造成影响，进一步验证低一级需要的满足（归属感、满意感、认同感）对于高级需要（求知、学习）的作用和意义。因此，本章主要对专业认同、学校归属感、生活满意度等研究现状进行综述。

第一节 专业认同研究概况

专业认同是指学习者在了解、掌握学科知识的基础上，逐渐产生情感上的认可、接受和投入，并伴随积极的外在行为和内心适切感，这是一种从认识、了解至情感、态度的移入过程[44]。由于国外对专业限制较少，因此对专业认同的单独研究并不多，大多包含在对职业认同的研究当中。至于国内的研究，有人通过数据库检索发现，"专业认同"领域的研究数量相对较少,在 2006 至 2017 年间大致呈现出缓慢增长的趋势,"大学生专业认同"领域的研究数量相对最少（李若兰，2018[64]）。根据笔者掌握的文献来看，国内研究者关注了不同专业（如文科、理科、工科）、不同学历学生（专科、本科、研究生）的专业认同情况，分析了专业认同在不同个体背景变量（如性别、年级、专业类型等）上的差异以及与其他心理变量（生活满意度、主观幸福感、学习动机等）之间的关系。

一、专业认同在个体背景变量上的差异研究

秦攀博（2009）的研究结果显示，当前我国大学生对专业的认同平均水平处于中上等状态。大学生的专业认同在性别和专业类型、年级和专业类型、年级和学校层次上均存在交互作用。此外，专业认同总分及各维度得分在专业志愿选择、专业就业前景、专业学习条件、学习成绩上均存在显著差异。具体表现为自主选择组显著高于父母意愿组、调剂组；热门专业组显著高于一般专业、冷门专业组；学习条件较好组高于学习条件一般组，条件一般组高于条件较差组；学习成绩较好组高于成绩一般组，成绩一般组要高于成绩较差组[44]。

李海芬、王敬（2014）修订了秦攀博编制的《大学生专业认同问卷》，并用该问卷施测了来自 6 所高校的大学生，研究结果发现：大学生专业认同总体水平中等偏下且主要停留在认知层面；理工科的女生专业认同度显著低于男生；专业认同度随年级增高呈现下降趋势；专业志愿选择对专业认同存在影响，成功转专业的学生专业认同度最高，调剂专业学生的专业认同度最低，非第一志愿录取学生的专业认同度高于第一志愿录取学生[65]。

张干群等（2016）使用秦攀博编制的《大学生专业认同问卷》对社会工作专业大学生的调查发现：男、女大学生的专业认同没有表现出显著差异；不同年级学生的专业认同表现出不同程度的差异，具体而言是一年级专业认同水平最低，二年级专业认同水平最高，三年级又有所下降，呈现倒"U"型发展的特征，二年级的专业认同水平显著高于一年级

和三年级[11]。

张建育、李丹（2016）的研究中仍然采用了秦攀博编制的《大学生专业认同问卷》，他们的研究结果显示，专业认同各维度得分的高低依次为：情感性、认知性、行为性和适切性。总体上，大学生的专业认同水平处于中等水平。个体背景变量上的分析发现，男生在专业认同度总分以及在认知性、情感性、行为性维度上的得分显著低于女生。文科生的专业认同总分以及在情感性、行为性、适切性维度上的得分均显著高于理科生。自主选择志愿组在各因子的得分均高于父母或他人意愿组，父母或他人意愿组的认知性、情感性和适切性因子得分均高于调剂专业组的得分。专业认同度各因子得分均随着专业学习条件的渐好而呈现递增的趋势。大学生专业认同在不同的相对成绩中存在显著差异，相对成绩较好的学生各因子得分总体上高于相对成绩一般和较差的学生[66]。

何木叶、毛志强（2016）采用秦攀博编制的《大学生专业认同问卷》对学前教育专科生的研究显示，大一、大三学生的专业认同总分和各维度得分显著高于大二学生，呈现出正"U"型特点。女生的专业认同总分、情感性、行为性、适切性认同得分显著高于男生[47]。

金则霜（2011）采用秦攀博编制的《大学生专业认同问卷》对大学生的研究表明，大学生专业认同的整体状况较好，普遍处于中等偏高水平。专业认同的认知因子、适切因子存在显著差异，女生的认知性认同显著好于男生，而男生的适切性认同显著优于女生。除情感因子外，大学生专业认同的总体水平以及其他各因子均存在显著年级差异、专业类型差异和学校类型差异。其中，在年级差异上，认知因子随年级增长逐渐提高，专业认同总分和其他因子均呈折线发展态势，大一、大三偏低，大二、大四偏高；在专业类型上，文科、艺体生的认知性得分显著高于理工科学生；在行为和适切性方面，艺体生显著高于文科生，文科生显著高于理工科学生；在学校类型上，大学专科在专业认同总分及各因子得分上均显著高于普通本科和重点本科。此外，不同志愿选择意向、不同实践经验的大学生，在大学生专业认同的总体水平及各因子上均存在显著差异[67]。

张萌、李若兰（2018）对大学生的研究发现，男生的专业认同总分显著高于女生[68]。李杰、刘洋、陈丽丽（2014）对农村订单定向免费医学生的研究发现，专业认同在性别上不存在显著差异，而在不同年级上存在显著差异，具体表现为大一年级学生专业认同总分高于大二、大三年级学生[69]。王顶明、刘永存（2007）使用自编的《硕士研究生专业认同调查问卷》对研究生的调查发现，当前硕士研究生的专业认同总体水平不高。专业认同程度在性别、年级、专业及应往届情况等方面存在显著差异。性别方面的具体表现为女生的专业认同总分及各维度得分均显著低于男生。该研究认为此结果与性别刻板印象有一定关系。传统的"女主内、男主外"的观念认为女生应该更多操持家务而不是像男生一样侧重事业，导致女硕士生对自己的选择有所顾虑。专业认同总分及各维度得分在年级上存在显著差异，具体表现为低年级（研一）专业认同高于高年级（研二、研三），工科在总体专业认同及各维度上的得分最高，在认知性认同上理科高于文科，而文科在情感和持续认同上高于理科。此外，工作之后再读研的学生普遍比应届生对专业的认同程度要高[70]。

李明（2011）使用自编的《研究生的专业认同水平的影响因素问卷》对硕士生的研究发现，男生的专业认同水平高于女生；非跨专业读研的研究生专业认同水平高于跨专业读研的研究生，构成"微观教育环境"的"学习"和"科研"与研究生专业认同水平存在正相关，其中"学习"的影响强度较"科研"大。其他因素如研究生入学时间长短、入学前的相关工作经验、宏观社会环境等对专业认同水平影响不大[71]。

胡玉婷、雷经国（2016）对地方高校特殊教育专业大学生的研究发现，不同性别大学生在专业认同及其各个维度上均不存在显著差异，但是在不同录取方式上专业认同存在显著差异，具体表现为：学校调剂的特殊教育专业学生的专业认知维度得分高于其他方式录取的学生，其他志愿录取学生的专业意志维度得分显著高于第一志愿和学校调剂的学生[72]。

胡志海（2006）采用《MBTI人格类型量表》和自编的《专业意识调

查问卷》对旅游专业的本、专科学生的测查发现，外倾、情感人格维度、性别与专业认同之间存在关联，女生的专业认同显著高于男生[73]。

胡忠华（2007）采用自编的调查问卷对护理专业本科生的研究发现，不同的年级、性别、生源地、录取方式、成绩、家庭收入、是否担任职务等条件导致专业认同存在显著差异。具体表现为：女生的专业认同高于男生；大一学生最高，大五最低；乡村学生高于城市学生；第一志愿录取的学生高于其他方式录取的学生；学习成绩好的学生专业认同高于成绩差的学生；家庭收入低的学生专业认同度高于家庭收入高的学生；在学校担任学生干部的学生高于没有职务的学生[74]。

李致莹（2006）对职能治疗专业大学生的专业认同进行了调查研究，发现不同年级学生的专业认同感存在差异，而实习的教师和实习的经验会影响到学生对专业的认同程度[75]。

林媛（2016）对学前教育专业学生的研究表明：公办高职学校学前教育专业学生的专业认同感比民办学校学前教育专业学生的专业认同感高；女生的专业认同感比男生的专业认同感高；大二学生的专业认同感显著高于大一和大三的学生；成绩越好的学生专业认同感就越高；自主选择学前教育专业的学生的专业认同感比他人建议以及调剂的学生的专业认同感高；但不同生源地的学生的专业认同感不存在显著差异[76]。

从前人对专业认同的研究来看，比较一致的结果是专业认同在年级、专业类型、志愿选择、学习条件、生源地、学习成绩等变量上存在显著差异。不过，在性别上，专业认同是否存在显著差异还未有一致的结果，需要扩大样本量、扩大取样范围，做进一步探究。

二、专业认同与其他变量的关系研究

已有研究表明，社会支持对专业认同有显著且直接的正向作用，而且通过社会支持—自我意识—专业认同路径间接影响专业认同（袁长林、2012[77]）。何木叶（2016）的研究表明，专业认同中适切性对内生动机的解释率为2.4%，情感性对外生动机的解释率为1.2%[47]。

其他一些研究也发现专业认同与学习动机之间存在显著正相关关系（秦攀博，2009[44]；赵以文等，2016[48]；张干群等，2016[11]）。此外，还有研究者发现专业认同与生活满意度（程化琴、庄明科、刘琉、郝晓玲，2014[78]）、主观幸福感（王冀，2015[79]）、学习效能感（刘印，2011[80]；徐晓烨、许虹波、赵萍、周露莎、汪燕玲、李梅，2014[81]）等均存在显著正相关，而与学习倦怠呈显著负相关（张斌、周怡、蒋怀滨、蔡太生、邱致燕，2014[82]；和爱林、赵俊洁、高冬东，2019[83]）。由于本书主要研究学习动机，此处不再赘述。

第二节　学校归属感研究概况

学校归属感是学生在学校环境中感受到自己被接受、尊重和支持，认为自己是属于学校共同体成员中的一员的心理感受（古德诺，1992）[84]。我国学者包克冰、徐美琴（2006）认为学校归属感是指学生对学校在思想上、感情上和心理上的认同和投入，愿意承担作为学校一员的各项责任和义务以及乐于参与学校活动[85]。研究者对学校归属感的研究包括研究工具的开发、学校归属感的影响因素等方面。本书主要对学校归属感在个体背景变量上的差异情况及其与其他变量的关系作一简要概述。

一、学校归属感在个体背景变量上的差异研究

目前对学校归属感在个体背景变量上的差异研究，主要集中在性别、年级、专业类型、是否独生、生源地等方面上。李西强、刘金婷、崔晨、黄慧华、孙小玉、程笑珍均采用了由古德诺（Goodenow）等人编制的，中国学者张（Cheung）和惠（Hui）（2003）修订的中文版的《学校归属感量表》。

李西强（2017）研究初中生的学校归属感，发现初一学生在学校归

属感总得分及其归属感维度上的得分显著高于初二、初三学生，在性别和住宿情况上差异不显著[86]。

刘金婷（2017）研究大学生的学校归属感。其研究结果表明，大学生学校归属感处于中等偏上水平，且男生在抵制感维度上的得分显著高于女生，大学生学校归属感在专业、是否独生和年级上有显著差异，在生源地上不具有显著差异[87]。

崔晨（2015）研究大学生的学校归属感。其研究结果表明，大学生的学校归属感处于中等偏上水平，女生的学校归属感高于男生的学校归属感。在抵制感维度上，非独生子女得分显著高于独生子女，大一学生的学校归属感高于大二、大三、大四的学生的学校归属感，文科生的学校归属感高于理工科学生的学校归属感，医学类学生的学校归属感高于理工科学生的学校归属感。归属感和抵制感在生源地上存在显著差异[88]。

黄慧华（2014）研究大学生的学校归属感。其研究结果表明，女生的学校归属感高于男生的学校归属感，大一学生的学校归属感高于大二和大三学生的学校归属感，大学生学校归属感在生源地和学科类型两个变量上的差异不具有统计学意义[89]。

孙小玉（2014）研究中学生的学校归属感。其研究结果表明，中学生的学校归属感处于中等偏上水平，在性别上不存在显著差异，在生源地、年级和是否独生上存在显著差异，农村中学生的学校归属感高于城市中学生，初中生的学校归属感高于高中生，非独生子女的学校归属感高于独生子女[90]。

程笑珍（2014）研究高中学生的学校归属感。其研究结果表明，高中生的学校归属感处于中等偏上的水平，在年级、性别、学校类型上存在显著差异，高二年级学生的学校归属感显著低于高一和高三学生的学校归属感，女生的学校归属感高于男生的学校归属感，重点学校学生的学校归属感高于普通学校学生的学校归属感[91]。

张晓兰（2012）采用徐坤英编制的《中学生学校归属感问卷》研究初中生的学校归属感，发现初中生的学校归属感总体情况处于中等偏上水平，在性别上存在显著差异，女生的学校归属感高于男生的学校归属感，学校归属感在是否独生上存在显著差异，表现为非独生子女的学校归属感高于独生子女的学校归属感[92]。

杜好强（2010）将学校归属感分为身份归属感和情感-精神归属感。他用自己编制的《大学生学校归属感调查问卷》研究大学生的学校归属感，结果表明，大学生的学校归属感在性别上差异不显著，但在身份归属感和情感-精神归属感维度上性别差异显著。其具体表现为女生的身份归属感显著高于男生，女生的情感-精神归属感低于男生；大学生的学校归属感在生源地和学科类型上不存在显著差异；大四学生的学校归属感显著高于大三学生的学校归属感，其他年级之间不存在显著差异，在情感-精神维度得分上大四学生高于大一、大二和大三，且大二高于大一[93]。

赵联防（2009）采用浙江大学包克冰、徐琴美老师修订的《学校归属感问卷》研究大学生的学校归属感，结果显示，大学生的学校归属感平均值略低于中度水平，说明大学生的学校归属感不是很强，大学生学校归属感在性别、专业类型和生源地上没有显著差异，大一学生的学校归属感显著高于其他年级，其他各年级之间没有显著差别[94]。

从以上研究可以看出，学校归属感在性别、年级上存在显著差异。大部分研究表明在学校归属感及某个维度上低年级学生高于高年级学生（李西强，2017；崔晨，2015；黄慧华，2014；孙小玉，2014；赵联防 2009），说明低年级学生具有更高的学校归属感。学校归属感在性别上既存在女生高于男生的情况（崔晨，2015；黄慧华，2014；程笑珍，2014；张晓兰，2012），也存在不具有显著差异的情况（李西强，2017；孙小玉，2014；杜好强，2010；赵联防，2009），这可能与不同研究采用的工具及其所选的被试者不同有关。

二、学校归属感与其他变量的关系研究

学校归属感是学生在学校学习生活中产生的一种情感归属，它与学

生不少心理变量产生联系。比如，有研究发现，在高职新生中，人际关系困扰与学校归属感呈显著负相关（尹美恒、龚雪，2016[95]）。黄慧华（2014）[89]对大学生、程笑珍（2014）[91]对高中生的研究也发现，学校归属感同人际关系问题呈负相关。可见，人际关系可能是学校归属感的一个影响因素。此外，对流动儿童的研究表明，学校归属感对学业成绩具有直接效应与调节作用（孟瑞华，2019[96]）。还有研究发现，教师支持和同学支持通过促进留守儿童的学校归属感促进其学业成绩的提升（魏昶、喻承甫、赵存会、王贞元、刘阳、王菊，2016[97]）。大学生的学校归属感与总体幸福感、学校适应呈显著正相关，并能显著正向预测总体幸福感与学校适应（黄燕琼，2019[98]）。由于本书主要研究学习动机，此处不再赘述。

第三节 生活满意度研究概况

有研究指出，生活满意度是个体对自己生活的综合判断，作为认知因素，它影响着个体的情绪体验，从而影响到个体生活目标的定位和行为追求的取向，对个体乃至社会都会产生重要影响（张兴贵、何立国、郑雪，2004[99]）。而苗元江（2003）认为生活满意度是指个体对生活各方面的需求和愿望达到满足时所产生的主观合意程度的知觉[100]。综合看来，本书认为生活满意度就是个体对现实生活的各方面与自身需要或者标准契合程度的主观判断。以下仍从生活满意度在个体背景变量上的差异及其与其他变量的关系上综述其研究现状。

一、生活满意度在个体背景变量上的差异研究

目前对生活满意度在个体背景变量上的差异研究，主要集中探讨它在性别、年级、专业类型、是否独生、生源地等变量上是否存在显著差

异。具体如下：

金怡（2007）使用王宇中等人编制的《大学生生活满意度评定量表》对大学生的调查发现：男生的总体生活满意度显著低于女生，农村大学生的学习成绩满意度显著高于城镇大学生；农村大学生的经济状况满意度显著低于城镇大学生；文科大学生与朋友关系的满意度显著高于理科大学生；独生子女的经济状况满意度显著高于非独生子女；大一、大三学生与朋友关系满意度显著低于大二学生，大二学生的主观满意度显著高于大一、大三、大四学生，大二学生的总体满意度显著高于大一、大三、大四学生[101]。

石美玲（2014）采用张兴贵等人编制的《青少年学生生活满意度量表》对大学生的研究发现：男生的家庭满意度显著低于女生；独生子女的学业满意度显著高于非独生子女；恋爱学生的生活满意度、友谊满意度、学业满意度均显著高于没有恋爱的学生；大二、大三学生的生活满意度显著高于大一学生，大四学生的学业满意度显著高于大三学生，大三学生的学业满意度显著高于大一学生，大二学生的自由满意度显著高于大一和大四学生，大三学生的自由满意度显著高于大四学生；大二、大三学生的学校满意度显著高于大一学生。此外，生活满意度及各维度在生源地及是否欠债上没有显著差异[102]。

冯盼（2016）使用张兴贵等（2007）编制的《青少年生活满意度量表》对大学生的测量表示：男生在友谊满意度、学校满意度、学业满意度、自由满意度和总体满意度上的分数显著高于女生；大四、大三和大一年级学生的友谊满意度、家庭满意度、学校满意度、学业满意度、环境满意度和总体满意度均显著高于大二年级学生；理科和工科大学生的家庭满意度和学校满意度显著高于文科大学生；城镇大学生的学校满意度显著低于农村大学生，而城镇大学生的自由满意度显著高于农村大学生；生活满意度及其各维度在是否独生上均无显著差异[103]。

廖悦诗、邓敏、张旭东（2018）仍然使用张兴贵等人编制的《青少年学生生活满意度量表》对贫困女大学生的调查显示：贫困女大学生在友谊、家庭、自由满意度及总体生活满意度上的得分均显著低于非贫困女大学生；艺术类贫困女大学生的生活满意度显著高于理科、文科贫困女大学生；在自由和学校满意度上，大二学生均显著低于大一、大三学生；在环境满意度上，大一、大二、大三学生均显著低于大四学生，大二学生又显著低于大三学生；在总体生活满意度上，大二学生小于大三、大四学生[104]。

此外，严标宾、郑雪（2007）采用埃德·迪纳（Ed Diener）等人编制的《国际大学调查问卷》对中国内地、中国香港、美国三地大学生的调查发现，美国大学生的生活满意度最高，相对较低的是中国内地的大学生，这可能与文化背景的差异有关[105]。陈丽娜、张建新（2004）采用埃德·迪纳（Ed Diener）编制《一般生活满意度量表》对大学生的研究表明，男大学生的生活满意度显著低于女大学生[106]。王凯旋（2007）采用《大学生生活满意度评定量表》对大学生的调查发现，女生的满意度高于男生，生源地为乡镇的大学生的满意度高于城市的大学生[107]。金盛华、田丽丽（2003）采用辛志勇修订的《特殊领域生活满意度问卷》对中学生的调查发现，男生的学习满意度、身心满意度水平显著高于女生[108]。

从前人的研究中不难发现，生活满意度在性别、年级、专业类型、生源地、是否独生子女等个体背景变量上存在显著差异。但具体的差异情况呈多样性特点。有的研究发现男生的总体生活满意度或其某些维度得分显著低于女生（陈丽娜等，2004；王凯旋，2007；金怡，2007；石美玲，2014）；也有研究表明男生的总体生活满意度或其某些维度得分显著高于女生（金盛华等，2003；冯盼，2016）。同一研究中存在农村学生在满意度的某些维度上得分显著高于城镇学生的情况（金怡，2007；冯盼，2016），在满意度的另一些维度上亦有与此相反的情况（金怡，2007；冯盼，2016）。还有研究表明生活满意度及其各维度不存在生源地上的显著差异（石美玲，2014）。独生子女在生活满意度某些维度上得分显著高于非独生子女（金怡，2007；石美玲，2014），亦有研究表明二者在生活满意度上没有显著差异（冯盼，2016）。文科大学生在满意度的某些维度上显著高于理科大学生（金怡，2007），而另一些维度上的表现则相反（冯盼，2016）。生活满意度在年级上的表现更为复杂。研究结果的多样性可能与被试者特点、时代背景、研究工具的不同有关。

二、生活满意度与其他变量的关系研究

已有研究表明，生活满意度与学习动机、学习能力、心理资本、个性特点、人际互动等存在密切相关。比如，周广亚（2011）的研究表明，学习动机对生活满意度有显著的预测作用[49]。梁永锋、刘少锋、何昭红（2016）的研究表明大学生积极心理资本对生活满意度有重要影响，培养大学生的积极心理资本有助于提高其生活满意度水平[109]。杜阳宇（2018）研究认为可从人格特质、校园文化环境、人际关系三个维度、微观与宏观两个层次对大学生生活满意度进行提升[110]。而马元广（2017）的研究则得出负性生活事件与乐观的交互作用对生活满意度的影响显著[111]。宋广文、杨孟甜（2018）的研究发现，学生的满意度与自主学习能力呈显著正相关[112]。张国华、刘言信（2008）的研究表明大学生的生活支出与生活满意度二者呈正相关[113]。李琳对体校学生的研究发现，生活满意度与人际关系呈显著正相关[114]。曹晓君、代莉（2020）的研究表明，大学生人际交往中的人际信任与生活满意度呈显著正相关，并且人际信任在人际交往能力和生活满意度之间起到部分中介作用[115]。此外，何安明、惠秋平（2019）的研究发现，手机依赖与生活满意度之间关系密切，手机依赖能够负向预测生活满意度[116]。由于本书主要研究学习动机，此处不再赘述。

第三章 研究的问题、意义、思路与研究方法

第一节 研究的问题

过去的研究多集中于对小学生、中学生及普通高校大学生进行考察，同时比较系统地探讨学习动机的实质、不同个体背景变量下学习动机的情况、学习动机的理论解释以及学习动机与其他心理变量的关系，但是尚未系统地对新建本科院校的大学生展开调查和分析。而就读于新建院校的大学生，在很多方面都与老牌本科院校、特别是重点院校的大学生存在差异。前面的综述中明确提到，新建院校在教学、科研、管理、文化建设等各方面不如老牌院校那么完善和成熟。特别对于欠发达的西部省份而言，新建本科院校的建设在很大程度上受制于地方经济条件、管理体制和决策层的重视程度。经济发展水平的相对落后，政府对一些院校实施的省州共管、以州为主的制度等，使得投入不足成了西部新建本科院校发展的共性问题。有的高校基础设施建设欠完备，有的高校即使完成了基础建设，但在不同程度上存在运行经费难以保障、高层次人才难以引进等问题，甚至某些新建地方性院校仍主要沿用过去老旧的教室、宿舍、食堂等，新校区建设跟不上，食宿条件、学习条件都较差。另外，新建本科院校由于建校时间短，在管理制度、校园文化、师资力量、课

程开发、科学研究等方面还在努力适应本科发展的要求。对于求学于此的学生而言，他们的专业认同度、学校归属感如何？生活的基本舒适度、满意度怎么样？他们的学习的动力又是什么？学习动机主要受哪些因素的制约？这些都是我们在研究中需关注的问题。

按照人本主义学习理论，人只有在低级需要得到满足或部分满足的基础上，才会进一步追求高级需要的满足（如求知、审美、自我实现等）。而在行为主义的动机观看来，动机被认为是一种对奖励和激励的反馈，它在很大程度上由学生的外部资源决定。本研究认为这些外在强化不仅包括教师加强学生的学习行为、对期待的行为进行奖励，还应包括优良的学习生活环境和氛围。因为在学生忙碌的学习后，舒爽的饮食和良好的休息又何尝不是一种很好的强化呢？另外，从自我决定动机理论来看，自我决定指的是一种关于经验选择的潜能，是在充分认识个人需要和环境信息的基础上，个体对行动做出的自由选择[16]。这个定义强调个人需要和环境信息对个体做出自由选择起着重要的基础性作用。因此，对于起步较晚、经费投入不够、基础设施尚不完善的新建本科院校，这些外在因素（学习生活条件）会怎样影响到学生的学习动机呢？我们有必要对贵州新建本科院校学生的学习动机进行探究，揭示他们的学习动机现状以及可能影响到他们学习动机的一些内、外因素。

第二节　研究意义与研究思路

一、研究意义

1. 理论意义

本研究基于已有的学习动机研究成果和相关理论，主要从自我决定学习动机理论及需要层次理论出发，系统探究贵州地区新建本科院校大学生学习动机现状及可能的影响因素。一方面，本研究结果将丰富学习动机的相关研究成果；另一方面，本研究结果将对现有的学习动机理论进行进一步的拓展，为完善相关理论（如需要层次理论、行为主义学习理论、自我决定动机理论等）提供实证资料。

2. 实践意义

本研究基于贵州地区新建本科院校的实际情况，从人本主义、行为主义视角对大学生的学习动机成分、基本状况及影响因素进行较为系统的探究。研究结果一方面可揭示大学生学习动机自我决定程度的具体情况，探索与学习动机有关的外在个体背景因素及内在心理因素，另一方面可以作为反映本地区学生学习动机的依据，为当地政府、教育行政部门、高校进行教育决策提供实实在在的参考资料。

二、研究思路

本研究选取贵州省新建本科院校大学生作为研究对象。从人本主义、行为主义动机理论出发，寻找影响大学生学习动机的有关因素。前人的研究对学习动机在诸多的个体背景变量（如性别，年级等）上的差异进行了研究，也探究了学习动机与心理变量如社会支持、学习倦怠、学业表现、专业认同等之间的关系。不过，对学习动机与学校归属感、生活满意度的相关研究相对较少。而本研究从新建本科院校的现状出发，结合人本主义所强调的人的高级需要是以低级需要得到满足为基础的观点以及行为主义强调的外在资源、环境对学习的重要性的观点，首先确立了可能对学习动机造成影响的个体背景因素，诸如性别、年级、生源地、学习条件、校园环境、住宿环境、饮食环境等，还包括专业认同、学校归属感和生活满意度等内在心理学变量。采用现有的信效度较高且使用较广泛的问卷，一方面对贵州新建本科院校大学生学习动机的基本情况及其与其他心理变量间的关系进行探究，另一方面也探究大学生的专业认同、学校归属感和生活满意度的基本状况。我们的目的是更好、更全面地认识他们的基本心理需求（归属感、满意度、认同度等）情况以及这些因素对于学习动机的作用机制。其次，本研究还从动机来源、动机强度、学习效果、专业兴趣、学习动机的影响因素等方面设置题目，采用选择题与问答题相结合的形式，自编简要问卷对贵州省新建本科院校大学生的学习动机及其影响因素进行探讨，一方面呼应之前使用他人问卷得到的结果，另一方面试图从被试者自身的回答中寻找可能影响学习动机的因素。

第三节　研究方法

一、研究对象选取

本研究根据新建本科院校的定义，选取范围是贵州省内2000年及以后升本的高等院校。选择的被试来自贵州省五所高校，分别是兴义民族师范学院、安顺学院、贵阳学院、贵州师范学院和黔南民族师范学院。本研究采取分层抽样的方法，每所学校各抽取9个班，每班30人，其中按专业类型抽取文科类、理工类、艺体类学生大一至大三各1个班（由于取样期间，大四学生正在实习，未对其进行取样），共抽取大学生1350名，发放问卷1350份，回收1190份，回收率为88.15%。剔除无效问卷后保留有效问卷911份，回收有效率为76.55%。调查对象在各个体背景变量上的人数及比例分布如表3-1所示（注：第十二章中的研究对象、研究工具、统计方法等均单独列出）。

表 3-1　被试基本情况调查表

个体背景变量	分类	人数/人	所占比例/%
性别	男	363	39.85
	女	548	60.15
生源地	城镇	107	11.75
	农村	804	88.25

续表

个体背景变量	分类	人数/人	所占比例/%
是否独生	是	63	6.92
	否	848	93.08
年级	大一	314	34.47
	大二	303	33.26
	大三	294	32.27
专业类型	文科	335	36.77
	理工	305	33.48
	艺体	271	29.75
志愿选择	自主选择	693	76.07
	父母或他人意愿	81	8.89
	调剂专业	137	15.04
学习条件	较差	131	14.38
	中等	583	64.00
	较好	197	21.62
校园环境	较差	114	12.51
	中等	589	64.65
	较好	208	22.83
住宿条件	较差	278	30.52
	中等	516	56.64
	较好	117	12.84
饮食条件	较差	186	20.42
	中等	611	67.07
	较好	114	12.51
父亲文化程度	未上过学	35	3.84
	小学	353	38.75
	初中	392	43.03
	高中	96	10.54
	大专及以上	35	3.84
母亲文化程度	未上过学	208	22.83
	小学	445	48.85
	初中	186	20.42
	高中及以上	72	7.90
家庭经济条件	很差	77	8.45
	较差	291	31.94
	一般	517	56.75
	较好	26	2.86

由表 3-1 可知，本次调查对象中，女大学生占多数，大部分学生来自农村，独生子女很少。由于调查时大四年级学生已经参加实习，因此未对这个年级进行取样。大一至大三各年级人数相当。在各专业类型的学生中，文科学生人数稍多，艺体学生数稍少。在志愿选择上，自主选择专业的学生占了绝大部分，其次为调剂专业的学生，出于父母或他人意愿选择专业的学生最少。在学校的学习条件、校园环境、住宿条件、饮食条件上，大部分学生认为处于中等水平；在住宿条件和饮食条件上，认为较差的学生人数多于认为较好的学生人数；在学习条件、校园环境上，认为较好的学生人数多于认为较差的学生人数。调查对象父母文化程度以小学、初中居多，说明贵州新建本科院校大学生父母文化程度偏低。未上过学的母亲人数远高于未上过学的父亲人数，一定程度上反映了该地区过去教育上的"重男轻女"现象。在家庭经济条件上，大部分学生家庭经济情况一般乃至较差。

二、研究工具及统计方法

（一）研究工具

1. 学生基本情况调查表

综合前人对学习动机、专业认同、学校归属感、生活满意度进行的个体背景变量的差异分析，不难发现这四个心理变量已在以下个体背景变量中进行过差异检验，它们分别是：性别、是否独生子女、年级、专业类型、学习成绩、生源地、志愿选择、专业学习条件、住宿条件等。已有研究亦表明，这些个体背景变量或多或少对学习动机、专业认同、学校归属感、生活满意度等存在影响。此外，本研究还考虑到其他一些因素如家庭、校园环境等也可能会对学习动机带来一定影响，因此增加了家庭经济条件、父母文化程度、校园环境、饮食条件等背景变量。新增的变量和过去研究中涉及的变量一起构成了此次研究中的学生基本信

第三章 研究问题、意义、思路与研究方法

息调查表。

2. 心理变量测量工具

（1）大学生学习动机量表（AMS-C28）

本研究采用的《大学生学习动机量表》来自中国学者陈保华2007年翻译修订的加拿大心理学家罗伯特·J.维勒兰德（Robert J.Vallerand）的AMS-C28问卷[53]，该量表包含3个分量表，7个维度，每个维度4个题目，从1"完全不符合"至7"完全符合"采用7级记分，修订后保持了原量表的结构和题目，各分量表的重测信度在0.58—0.77之间，内部一致性信度在0.51—0.72之间，具有较好的结构效度。在本研究中各分量表的克隆巴赫α信度系数在0.641—0.818之间。就克隆巴赫α系数可靠性层面而言，本研究中各维度信度较高，具体数值如表3-2所示。

表3-2 学习动机量表（AMS-C）的信度

	学习知识	获得成就	体验刺激	认同调节	内摄调节	外部调节	无动机
α系数	0.774	0.775	0.794	0.818	0.641	0.653	0.773

该量表包括内部动机、外部动机、无动机三个分量表。其中内部动机和外部动机分别包括3个维度。内部动机的3个维度分别是学习知识、获得成就、体验刺激，外部动机的3个维度分别是外部调节、内摄调节、认同调节。学习知识指个体为了获得新的知识，了解周围的事物，探索世界，满足个人好奇心或兴趣的动机类型；获得成就是与个体试图达到某一目标或完成某项任务相关的动机类型，在该动机调节下，个体遵循内在需要迎接挑战，超越自我；体验刺激即指个体从事某种活动是为了行为本身内在的快乐。外部调节是指个体完全遵循外部规则而行动，其目的是满足外在要求或是为了获得附带的报酬；内摄调节是个体吸收了外在规则，但没有完全接纳为自我的一部分；认同调节是指个体对一个行为目标或规则进行有意识地评价，如果发现这个行为是重要的，就接纳为自我的一部分；无动机是指学习者认识不到自身的行为与行为结果

之间的联系，对所从事的活动毫无兴趣，没有任何外在的或内在的调节行为以确保活动的正常进行。

（2）专业认同问卷

本研究采用秦攀博（2009）所编制的《大学生专业认同问卷》[44]。该问卷的各个维度的内部一致性 α 系数在 0.760—0.894 之间，总问卷的 α 系数为 0.916，说明问卷的信度较好，且该问卷具有较好的结构效度。量表包含四个维度，分别包含 5、8、6、4 题项，即认知性（1—5）、情感性（6—13）、行为性（14—19）、适切性（20—23）。在本研究中，专业认同及其各维度信度如表 3-3 所示。各维度的信度系数均比较理想。此外，关于各维度的解释，有研究者认为认知性是学生对自己所学专业的了解，是产生专业认同的基础；情感性是指个人与专业的情感联结程度[70]。另有研究者认为适切性是个体在特定的社会环境下，通过自身与环境的交互作用，主动调节自己的集体和心理状态，努力改变环境条件，使自己的行为符合环境条件的需求，获得自身与环境协调发展的心理和行为倾向[117]。

表 3-3　专业认同问卷的信度

	认知性	情感性	行为性	适切性	专业认同
α 系数	0.819	0.876	0.844	0.841	0.934

（3）学校归属感问卷

学校归属感问卷是由美国心理学家古德诺（Goodenow, 1993）编制的。中国学者张（Cheung）和惠（Hui）（2003）修订了中文版《学校归属感问卷》(PSSM-CR)，该问卷包含 18 个项目，采用 6 点计分的方式，4、6、9、12、16 五题为反向计分。此问卷将学校归属感划分为归属感和抵制感两个因子，归属感包括 13 个项目，抵制感包括 5 个项目。有"完全不同意""不同意""基本不同意""基本同意""同意""完全同意"6 个分数段，从 1 到 6 计分，"完全同意"得 6 分，"同意"得 5 分，"基本同意"得 4 分，"基本不同意"得 3 分，"不同意"得 2 分，"完全不同意"

得 1 分。各维度题目分数相加得出相应的维度分，所有项目的总分为学校归属感的得分。被试总分越高，表明其学校归属感越强。在本研究中，学校归属感及其各维度的信度系数如表 3-4 所示。由表 3-4 可知，抵制感信度系数较低，归属感和学校归属感的信度系数均较高。

表 3-4 学校归属感问卷（PSSM-CR）的信度

	抵制感	归属感	学校归属感
α 系数	0.560	0.778	0.820

（4）青少年生活满意度量表

《青少年生活满意度量表》是由张兴贵等（2004）编制的。该量表包括 36 个项目，采用 7 点计分，"完全不符合"计 1 分，"完全符合"计 7 分。除 3、4、9、10 四道题目反向计分外，其他题目均正向计分，生活满意度的得分是最后的总分，得分越高生活满意度就越高。量表有六个维度，即对学校（3、9、15、21、27、33）、友谊（1、7、13、19、25、31、35）、学业（6、12、18、24、30、34）、家庭（2、8、14、20、26、32、36）、环境（4、10、16、22、28）和自由（5、11、17、23、29）的满意度，相应的内部一致性系数分别是 0.777、0.750、0.767、0.833、0.745、0.644，重测信度在 0.671~0.823 之间。本研究中生活满意度及其维度的信度如表 3-5 所示。除环境满意度的信度系数较低外，其他维度及总体生活满意度的信度系数均较高。

表 3-5 青少年生活满意度量表的信度分析

	学校	友谊	学业	家庭	环境	自由	生活满意度
α 系数	0.731	0.774	0.826	0.850	0.558	0.729	0.918

（5）共同方法偏差的检验

本研究采用统计控制的手段来检验是否存在共同方法偏差。Harman 单因子检验结果表明，存在特征根大于 1 的因子 20 个，最大的因子解释的变异量为 23.21%，小于 40% 的临界标准，说明本研究不存在明显的共同方法偏差。检验结果的碎石图见图3-1。

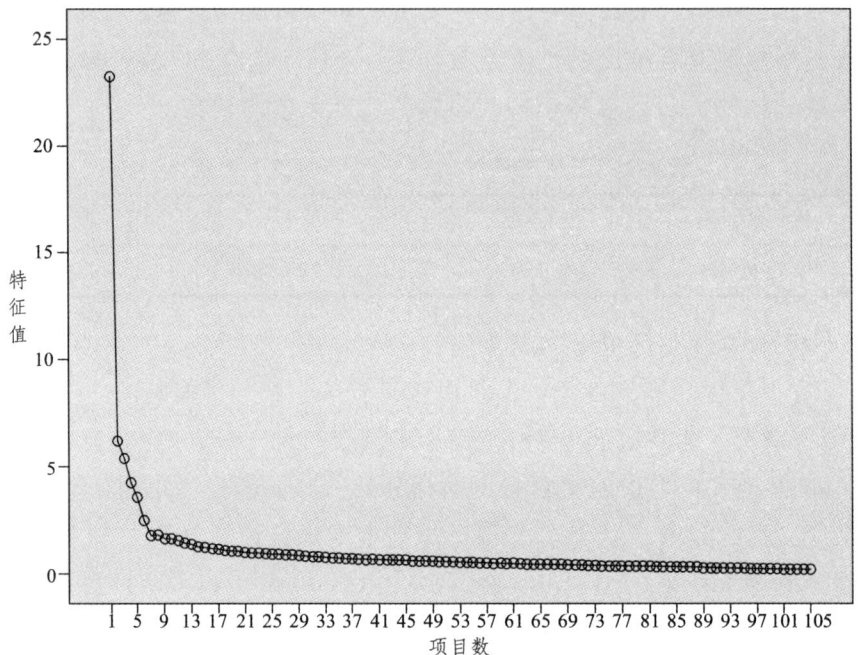

图 3-1　碎石图

（二）数据处理

本研究的数据分析工具主要是 SPSS16.0 软件和 Amos21.0 软件。主要运用独立样本 T 检验、单因素方差分析检验等方法检验自我决定学习动机、专业认同、学校归属感与生活满意度在各个体背景变量上的差异情况；使用多因素方差分析探讨不同个体背景变量对自我决定学习动机、专业认同、学校归属感以及生活满意度的交互作用。运用相关分析探讨专业认同、学校归属感、生活满意度与自我决定学习动机的关系。运用回归分析探究专业认同、学校归属感、生活满意度对自我决定学习动机的预测作用。运用 Amos21.0 软件，使用结构方程建模对学校归属感、生活满意度在专业认同与学习动机间的简单中介作用和链式中介作用进行统计分析。

第四章 贵州新建本科院校大学生学习动机现状

第一节 学习动机及其在个体背景变量上的差异的基本情况

一、学习动机的基本情况

按照前人的研究，计算出 AMS 各分量表中每一个项目的高认同度（在该项目上评分≥4）的被试占总体被试的比率，具体情况见表 4-1。

表 4-1 学习动机各分量表得分属于高认同的被试占比

题项	内部动机/（%）			外部动机/（%）			无动机/（%）
	学习知识	获得成就	体验刺激	认同调节	内摄调节	外部调节	
I_1	82.99	79.69	79.47	90.23	74.31	58.95	36.44
I_2	81.34	72.56	80.13	85.18	64.54	85.18	52.69
I_3	85.18	73.22	74.42	89.13	42.26	91.11	32.49
I_4	85.07	76.18	75.30	85.84	68.39	84.52	36.22
M_1	83.65	75.41	77.33	87.60	62.38	79.94	39.46
M_2	78.80			76.64			

注：M_1 为维度平均百分数，M_2 为分量表平均百分数。

由表 4-1 可知：从分量表高分所占比例来看，大学生学习动机的构成中，内部动机和外部动机高分所占比例高，无动机高分所占比例低。从维度高分所占比例来看，贵州新建本科院校大学生主要的学习动机为认同调节、学习知识，其次为外部调节、体验刺激、获得成就、内摄调节，无动机的认同度最低。这一方面说明学习动机的构成不是单一的，另一方面表明构成新建本科院校大学生学习动机的各成分所占比例不均等，主要由内部动机和外部动机构成，无动机成分少。从有机整合理论出发，自主性动机（包括内部动机、认同调节等）高认同度所占比例（83.2%）高于受控动机（包括外部调节和内摄调节）的高认同度所占比例（71.16%），说明大学生学习的自主性较高。

根据陈保华（2007）及布莱斯等人（1990）研究中的计算方法，利用各分量表的值计算出一个单一的动机指数，用以衡量被试的学习动机主要是自我决定的学习动机还是非自我决定的学习动机。具体计算公式为：自我决定指数=2×（认识动机+成就动机+刺激动机）/3+认同动机-（外部调节+2×无动机），根据所得结果的符号来判断其学习动机的性质。为了使非自我决定动机与自我决定动机的类型相等，内摄动机不进入计算。

利用上述计算方式，可以对被试群体进行分组：自我决定组（动机指数≥0）739人，占全体被试的81.11%（其中6人的动机指数为0）；非自我决定组（动机指数<0）172人，占全体被试的18.89%。结果表明，在本被试群体中，拥有自我决定学习动机的学生占多数。

二、学习动机在个体背景变量上的差异

1. 学习动机在性别上的差异检验

以学习动机各维度及分量表、动机指数得分为因变量，性别为自变量进行独立样本 T 检验，结果见表 4-2 所示。

表 4-2　贵州省新建本科院校学生学习动机在性别上差异检验

	男生（n=363）		女生（n=548）		T	P
	M	SD	M	SD		
学习知识	4.80	1.15	4.80	1.20	0.07	0.947
获得成就	4.38	1.10	4.29	1.17	1.16	0.247
体验刺激	4.45	1.15	4.48	1.19	-0.46	0.649
认同调节	4.92	1.16	5.11	1.18	-2.35	0.019
内摄调节	4.09	1.06	3.78	1.09	4.21	0.000
外部调节	4.68	1.09	4.62	1.10	0.71	0.475
内部动机	4.54	1.03	4.52	1.08	0.27	0.786
外部动机	4.56	0.93	4.51	0.91	0.93	0.352
无动机	3.35	1.23	2.83	1.23	6.29	0.000
动机指数	2.63	3.91	3.88	4.09	-4.59	0.000

由表 4-2 可知，不同性别大学生在认同调节、内摄调节、无动机及动机指数上的得分存在显著差异。具体表现为：女生的认同调节得分显著高于男生；男生的内摄调节和无动机得分显著高于女生；女生的动机指数得分显著高于男生。除此，在其他维度及分量表上的得分不存在显著性别差异。

2. 学习动机在生源地上的差异检验

以大学生学习动机各维度及分量表、动机指数得分为因变量，生源地为自变量进行独立样本 T 检验，结果如表 4-3 所示。

表 4-3　贵州省新建本科院校学生学习动机在生源地上的差异检验

	城镇（n=107）		农村（n=804）		T	P
	M	SD	M	SD		
学习知识	4.79	1.17	4.80	1.18	-0.04	0.971
获得成就	4.30	1.18	4.33	1.13	-0.21	0.835
体验刺激	4.56	1.32	4.46	1.15	0.83	0.407

续表

	城镇（$n=107$）		农村（$n=804$）		T	P
	M	SD	M	SD		
认同调节	5.08	1.28	5.03	1.16	0.44	0.658
内摄调节	4.08	1.24	3.88	1.06	1.76	0.078
外部调节	4.85	1.25	4.62	1.07	1.82	0.072
内部动机	4.55	1.09	4.53	1.06	0.22	0.828
外部动机	4.67	1.08	4.51	0.89	1.47	0.145
无动机	3.01	1.41	3.04	1.23	-0.19	0.854
动机指数	3.31	3.84	3.39	4.10	-0.19	0.847

表 4-3 表明，不同生源地大学生在学习动机各维度、分量表及动机指数上的得分不存在显著差异。

3. 学习动机在是否独生上的差异检验

以大学生学习动机各维度及分量表、动机指数得分为因变量，是否独生子女为自变量进行独立样本 T 检验，结果如表 4-4 所示。

表 4-4 贵州省新建本科院校学生学习动机在是否独生上的差异检验

	是（$n=63$）		否（$n=848$）		T	P
	M	SD	M	SD		
学习知识	4.73	1.17	4.80	1.18	-0.45	0.654
获得成就	4.28	1.00	4.33	1.15	-0.32	0.749
体验刺激	4.49	1.24	4.47	1.17	0.15	0.878
认同调节	4.98	1.30	5.04	1.17	-0.42	0.672
内摄调节	4.00	1.02	3.90	1.09	0.67	0.504
外部调节	4.63	1.25	4.65	1.08	-0.12	0.906
内部动机	4.50	1.01	4.53	1.06	-0.22	0.823
外部动机	4.53	1.02	4.53	0.91	0.04	0.971
无动机	2.98	1.26	3.04	1.26	-0.33	0.739
动机指数	3.38	4.21	3.38	4.06	-0.001	0.999

表 4-4 表明，大学生学习动机各维度、分量表及动机指数得分在是否为独生子女方面均不存在显著差异。

4. 学习动机在年级上的差异检验

以大学生学习动机各维度及分量表、动机指数得分为因变量，年级为自变量进行单因素方差分析，结果如表 4-5 所示。

表 4-5　贵州省新建本科院校学生学习动机在年级上的差异检验（$M \pm SD$）

	①大一（$n=314$）	②大二（$n=303$）	③大三（$n=294$）	F	P	LSD
学习知识	4.98 ± 1.22	4.78 ± 1.15	4.62 ± 1.13	7.40	0.001	①>②③
获得成就	4.45 ± 1.18	4.28 ± 1.13	4.24 ± 1.09	3.04	0.048	①>③
体验刺激	4.54 ± 1.23	4.45 ± 1.14	4.41 ± 1.15	0.87	0.421	
认同调节	5.12 ± 1.15	5.06 ± 1.21	4.93 ± 1.17	1.97	0.140	
内摄调节	3.86 ± 1.12	3.96 ± 1.09	3.89 ± 1.06	0.75	0.471	
外部调节	4.71 ± 1.05	4.66 ± 1.14	4.56 ± 1.09	1.66	0.190	
内部动机	4.66 ± 1.11	4.50 ± 1.03	4.42 ± 1.02	3.85	0.022	①>③
外部动机	4.56 ± 0.90	4.56 ± 0.93	4.46 ± 0.90	1.25	0.288	
无动机	2.87 ± 1.28	3.08 ± 1.28	3.17 ± 1.19	4.47	0.012	①<②③
动机指数	3.97 ± 4.32	3.24 ± 3.96	2.89 ± 3.81	5.71	0.003	①>②③

表 4-5 表明，大学生在学习知识、获得成就、内部动机、无动机和动机指数上的得分存在显著的年级差异。比较分析发现，大一年级学生在学习知识、动机指数上的得分显著高于大二、大三年级学生；大一年级学生在获得成就、内部动机上的得分均显著高于大三年级学生；大一年级学生在无动机上的得分显著低于大二、大三年级学生。除此，其他分量表及维度上的得分均不存在显著年级差异。

5. 学习动机在专业类型上的差异检验

以大学生学习动机各维度及分量表、动机指数得分为因变量，专业类型为自变量进行单因素方差分析，结果如表4-6所示。

表4-6 贵州省新建本科院校学生学习动机在专业类型上的差异检验（$M \pm SD$）

	①文科类（$n=335$）	②理工类（$n=305$）	③艺体类（$n=271$）	F	P	LSD
学习知识	4.88 ± 1.21	4.71 ± 1.23	4.79 ± 1.07	1.61	0.201	
获得成就	4.41 ± 1.17	4.27 ± 1.22	4.27 ± 0.99	1.58	0.206	
体验刺激	4.62 ± 1.18	4.37 ± 1.24	4.40 ± 1.06	4.62	0.010	①>②③
认同调节	5.16 ± 1.21	4.99 ± 1.21	4.94 ± 1.08	2.92	0.055	
内摄调节	3.97 ± 1.12	3.74 ± 1.13	4.01 ± 0.97	5.33	0.005	①③>②
外部调节	4.68 ± 1.12	4.68 ± 1.13	4.57 ± 1.02	0.92	0.400	
内部动机	4.64 ± 1.09	4.45 ± 1.12	4.49 ± 0.93	2.85	0.058	
外部动机	4.60 ± 0.92	4.47 ± 0.97	4.51 ± 0.84	1.71	0.182	
无动机	3.01 ± 1.30	3.00 ± 1.24	3.11 ± 1.21	0.65	0.523	
动机指数	3.74 ± 4.22	3.22 ± 4.15	3.13 ± 3.74	2.05	0.129	

表4-6表明，不同专业类型大学生在体验刺激和内摄调节上的得分存在显著差异。文科类的学生在体验刺激维度上的得分显著高于理工类和艺体类的学生；文科类、艺体类学生在内摄调节维度上的得分显著高于理工类学生。大学生在其他学习动机分量表、维度及动机指数上的得分不存在显著专业类型间的差异。

6. 学习动机在高考志愿选择上的差异检验

以大学生学习动机各维度及分量表、动机指数得分为因变量，志愿选择类型为自变量进行单因素方差分析，结果如表4-7所示。

第四章 贵州新建本科院校大学生学习动机现状

表 4-7 贵州省新建本科院校学生学习动机在志愿选择上的差异检验

($M \pm SD$)

	①自主选择（n=693）	②父母或他人意愿（n=81）	③调剂专业（n=137）	F	P	LSD
学习知识	4.85 ± 1.16	4.62 ± 1.27	4.64 ± 1.22	2.86	0.058	
获得成就	4.34 ± 1.12	4.18 ± 1.28	4.32 ± 1.12	0.69	0.500	
体验刺激	4.51 ± 1.16	4.38 ± 1.21	4.34 ± 1.19	1.38	0.252	
认同调节	5.07 ± 1.15	4.80 ± 1.28	5.03 ± 1.25	1.92	0.148	
内摄调节	3.88 ± 1.08	4.00 ± 1.18	3.93 ± 1.08	0.44	0.643	
外部调节	4.64 ± 1.07	4.76 ± 1.24	4.60 ± 1.14	0.54	0.581	
内部动机	4.57 ± 1.04	4.40 ± 1.18	4.43 ± 1.07	1.61	0.201	
外部动机	4.53 ± 0.89	4.52 ± 1.06	4.52 ± 0.96	0.01	0.987	
无动机	2.99 ± 1.24	3.22 ± 1.26	3.17 ± 1.31	2.16	0.116	
动机指数	3.58 ± 4.00	2.39 ± 4.04	2.96 ± 4.31	4.02	0.018	①>②

表 4-7 表明，动机指数得分存在显著的志愿选择上的差异，具体为自主选择志愿组学生得分显著高于父母或他人意愿选择专业组学生的得分。除此，其他分量表及各维度的得分在志愿选择上不存在显著差异。

7. 学习动机在专业学习条件上的差异检验

以大学生学习动机各维度及分量表、动机指数得分为因变量，专业学习条件为自变量进行单因素方差分析，结果如表 4-8 所示。

表 4-8 表明，学习知识、体验刺激、认同调节、内部动机、无动机和动机指数在专业学习条件上存在显著差异。比较分析发现，学习知识、体验刺激、认同调节、内部动机、动机指数在较好的专业学习条件下的得分显著高于中等的和较差的专业学习条件下的得分；较好的专业学习条件下的无动机得分显著低于较差的和中等的专业学习条件下的得分。除此，不存在其他显著差异。

表 4-8　贵州省新建本科院校学生学习动机在专业学习条件上的差异检验
（$M \pm SD$）

	①较差（$n=131$）	②中等（$n=583$）	③较好（$n=197$）	F	P	LSD
学习知识	4.60 ± 1.35	4.74 ± 1.11	5.09 ± 1.21	8.68	0.000	①②<③
获得成就	4.25 ± 1.29	4.28 ± 1.08	4.49 ± 1.19	2.83	0.060	
体验刺激	4.37 ± 1.32	4.38 ± 1.10	4.80 ± 1.23	10.36	0.000	①②<③
认同调节	4.95 ± 1.33	4.97 ± 1.13	5.29 ± 1.17	5.92	0.003	①②<③
内摄调节	3.84 ± 1.15	3.87 ± 1.04	4.03 ± 1.17	1.80	0.165	
外部调节	4.69 ± 1.30	4.62 ± 1.05	4.68 ± 1.07	0.35	0.706	
内部动机	4.41 ± 1.21	4.47 ± 0.99	4.80 ± 1.10	8.17	0.000	①②<③
外部动机	4.49 ± 1.05	4.49 ± 0.87	4.67 ± 0.94	2.97	0.052	
无动机	3.18 ± 1.38	3.09 ± 1.19	2.78 ± 1.32	5.70	0.003	①②>③
动机指数	2.72 ± 4.50	3.10 ± 3.83	4.65 ± 4.20	12.99	0.000	①②<③

8. 学习动机在校园环境上的差异检验

以大学生学习动机各维度及分量表、动机指数得分为因变量，校园环境为自变量进行单因素方差分析，结果如表 4-9 所示。

表 4-9　贵州省新建本科院校学生学习动机在校园环境上的差异检验（$M \pm SD$）

	①较差（$n=114$）	②中等（$n=589$）	③较好（$n=208$）	F	P	LSD
学习知识	4.69 ± 1.36	4.78 ± 1.15	4.90 ± 1.16	1.36	0.257	
获得成就	4.30 ± 1.29	4.33 ± 1.11	4.32 ± 1.13	0.04	0.959	
体验刺激	4.40 ± 1.35	4.46 ± 1.17	4.54 ± 1.09	0.63	0.534	
认同调节	5.04 ± 1.37	5.02 ± 1.16	5.08 ± 1.11	0.22	0.805	
内摄调节	4.06 ± 1.16	3.89 ± 1.05	3.86 ± 1.14	1.36	0.258	
外部调节	4.70 ± 1.27	4.67 ± 1.05	4.56 ± 1.11	0.95	0.386	
内部动机	4.46 ± 1.23	4.52 ± 1.04	4.59 ± 1.00	0.55	0.577	
外部动机	4.60 ± 1.09	4.53 ± 0.87	4.50 ± 0.93	0.44	0.647	
无动机	3.30 ± 1.39	3.09 ± 1.22	2.73 ± 1.23	9.57	0.000	①②>③
动机指数	2.66 ± 4.42	3.22 ± 4.06	4.25 ± 3.74	7.09	0.001	①②<③

表 4-9 结果显示，无动机和动机指数在校园环境上存在显著差异。比较分析发现，处于较差和中等校园环境中的学生，在无动机上的得分均显著高于处于较好校园环境中的学生。较好校园环境中的大学生动机指数得分显著高于较差和中等校园环境中的大学生的得分。除此，不存其他显著差异。

9. 学习动机在住宿条件上的差异检验

以大学生学习动机各维度及分量表、动机指数得分为因变量，住宿条件为自变量进行单因素方差分析，结果如表 4-10 所示。

表 4-10 贵州省新建本科院校学生学习动机在住宿条件上的差异检验（$M \pm SD$）

	①较差 （n=278）	②中等 （n=516）	③较好 （n=117）	F	P	LSD
学习知识	4.72 ± 1.23	4.76 ± 1.14	5.16 ± 1.16	6.37	0.002	①②<③
获得成就	4.32 ± 1.17	4.29 ± 1.13	4.49 ± 1.10	1.57	0.208	
体验刺激	4.41 ± 1.20	4.44 ± 1.14	4.76 ± 1.21	4.15	0.016	①②<③
认同调节	5.02 ± 1.23	4.98 ± 1.15	5.33 ± 1.12	4.20	0.015	①②<③
内摄调节	3.99 ± 1.10	3.87 ± 1.05	3.83 ± 1.18	1.42	0.242	
外部调节	4.74 ± 1.23	4.60 ± 1.01	4.63 ± 1.13	1.63	0.196	
内部动机	4.48 ± 1.10	4.50 ± 1.04	4.80 ± 1.03	4.47	0.012	①②<③
外部动机	4.58 ± 0.99	4.48 ± 0.85	4.60 ± 0.98	1.48	0.228	
无动机	3.23 ± 1.31	2.99 ± 1.19	2.76 ± 1.35	6.40	0.002	①>②③
动机指数	2.78 ± 4.03	3.39 ± 3.99	4.78 ± 4.17	10.14	0.000	①<②<③

表 4-10 表明，学习知识、体验刺激、认同调节、内部动机、无动机及动机指数在住宿条件上存在显著差异。比较发现，学习知识、体验刺激、认同调节、内部动机在较好住宿条件下的得分均显著高于中等和较差住宿条件下的得分；无动机在较好和中等住宿条件下的得分显著低于较差住宿条件下的得分。动机指数在较好住宿条件下的得分显著高于中等及较差住宿条件下的得分，在中等住宿条件下的得分显著高于较差住宿条件下的得分。除此，不存在其他显著差异。

10. 学习动机在饮食条件上的差异检验

以大学生学习动机各维度及分量表、动机指数得分为因变量，饮食条件为自变量进行单因素方差分析，结果如表 4-11 所示。

表 4-11 贵州省新建本科院校学生学习动机在饮食条件上的差异检验（$M \pm SD$）

	①较差（$n=186$）	②中等（$n=611$）	③较好（$n=114$）	F	P	LSD
学习知识	4.61 ± 1.27	4.81 ± 1.14	5.02 ± 1.20	4.599	0.010	①<②③
获得成就	4.28 ± 1.19	4.34 ± 1.12	4.32 ± 1.16	0.148	0.862	
体验刺激	4.39 ± 1.28	4.46 ± 1.13	4.66 ± 1.20	1.932	0.145	
认同调节	4.95 ± 1.27	5.03 ± 1.15	5.20 ± 1.17	1.539	0.215	
内摄调节	4.03 ± 1.14	3.88 ± 1.05	3.82 ± 1.20	1.606	0.201	
外部调节	4.60 ± 1.25	4.65 ± 1.05	4.67 ± 1.07	0.211	0.810	
内部动机	4.43 ± 1.13	4.54 ± 1.03	4.67 ± 1.09	1.825	0.162	
外部动机	4.53 ± 1.03	4.52 ± 0.87	4.56 ± 0.96	0.095	0.909	
无动机	3.31 ± 1.29	3.00 ± 1.23	2.77 ± 1.25	7.194	0.001	①>②③
动机指数	2.59 ± 3.97	3.45 ± 4.04	4.32 ± 4.17	6.69	0.001	①<②<③

表 4-11 表明，大学生在学习知识、无动机及动机指数上的得分在饮食条件上存在显著差异。比较分析发现，较好和中等饮食条件下学习知识的得分显著高于较差饮食条件下的得分；较差饮食条件下的无动机得分显著高于中等、较好饮食条件下的得分。较好饮食条件下的动机指数得分显著高于中等、较差饮食条件下的得分，中等饮食条件下的动机指数得分显著高于较差饮食条件下的得分。除此，不存在其他显著差异。

11. 学习动机在父亲文化程度上的差异检验

以大学生学习动机各维度及分量表、动机指数得分为因变量，父亲文化程度为自变量进行单因素方差分析，结果如表 4-12 所示。

表 4-12　贵州省新建本科院校学生学习动机在父亲文化程度上的差异检验
（$M \pm SD$）

	①未上过学 (n=35)	②小学 (n=353)	③初中 (n=392)	④高中 (n=96)	⑤大专及以上 (n=35)	F	P	LSD
学习知识	4.39±1.17	4.80±1.17	4.79±1.15	4.91±1.21	4.92±1.39	1.367	0.244	
获得成就	3.98±0.99	4.30±1.14	4.32±1.11	4.64±1.15	4.16±1.41	2.866	0.022	①②③⑤<④
体验刺激	4.16±0.99	4.49±1.16	4.41±1.14	4.73±1.23	4.57±1.54	2.140	0.074	
认同调节	4.69±1.43	5.02±1.20	5.04±1.07	5.18±1.25	5.14±1.57	1.210	0.305	
内摄调节	3.98±1.03	3.87±1.09	3.86±1.00	4.17±1.25	3.94±1.44	1.706	0.146	
外部调节	4.49±1.19	4.64±1.13	4.61±1.00	4.73±1.14	4.99±1.44	1.291	0.272	
内部动机	4.18±0.97	4.53±1.05	4.51±1.03	4.76±1.11	4.55±1.29	2.167	0.071	
外部动机	4.38±1.00	4.51±0.94	4.50±0.79	4.69±1.05	4.69±1.33	1.363	0.245	
无动机	3.61±1.02	3.02±1.21	2.98±1.25	3.15±1.43	2.94±1.37	2.296	0.058	
动机指数	1.34±3.49	3.40±4.05	3.48±4.03	3.67±4.40	3.36±3.91	2.41	0.048	①<②③④⑤

表 4-12 表明，获得成就在父亲文化程度上存在显著差异。具体表现为父亲文化程度为高中组的大学生在获得成就上的得分最高，并显著高于父亲文化程度为高中以下组的大学生。动机指数在父亲文化程度上存在显著差异。具体表现为父亲文化程度为未上过学组的动机指数得分显著低于在父亲文化程度为小学及以上组的动机指数的得分。除此，不存在其他显著差异。

12. 学习动机在母亲文化程度上的差异检验

以大学生学习动机各维度及分量表、动机指数得分为因变量，母亲文化程度为自变量进行单因素方差分析，结果如表 4-13 所示。

表 4-13　贵州省新建本科院校学生学习动机在母亲文化程度上的差异检验
（$M \pm SD$）

	①未上过学（n=208）	②小学（n=445）	③初中（n=186）	④高中及以上（n=72）	F	P	LSD
学习知识	4.71 ± 1.23	4.80 ± 1.16	4.85 ± 1.20	4.90 ± 1.09	0.716	0.543	
获得成就	4.26 ± 1.13	4.30 ± 1.13	4.40 ± 1.18	4.46 ± 1.11	0.941	0.420	
体验刺激	4.43 ± 1.10	4.42 ± 1.19	4.55 ± 1.18	4.67 ± 1.21	1.364	0.252	
认同调节	5.00 ± 1.21	5.02 ± 1.16	5.10 ± 1.18	5.10 ± 1.21	0.407	0.748	
内摄调节	3.82 ± 1.10	3.87 ± 1.05	3.92 ± 1.12	4.27 ± 1.18	3.317	0.019	①②③<④
外部调节	4.60 ± 1.10	4.63 ± 1.10	4.67 ± 1.08	4.84 ± 1.09	0.988	0.398	
内部动机	4.47 ± 1.05	4.51 ± 1.05	4.60 ± 1.09	4.68 ± 1.05	1.064	0.363	
外部动机	4.47 ± 0.90	4.51 ± 0.90	4.57 ± 0.91	4.74 ± 1.00	1.743	0.175	
无动机	3.06 ± 1.17	3.04 ± 1.28	2.93 ± 1.26	3.22 ± 1.32	0.999	0.392	
动机指数	3.20 ± 3.85	3.33 ± 4.18	3.78 ± 4.19	3.19 ± 3.58	0.807	0.490	

注：由于母亲文化程度为大专及以上的被试过少，将此组与高中组合并（下同）。

表 4-13 表明，内摄调节在母亲文化程度上存在显著差异。分析发现，母亲文化程度为初中及以下组的内摄调节得分显著低于母亲文化程度为高中及以上组的内摄调节得分。除此，不存在其他显著差异。

13. 学习动机在家庭经济条件上的差异检验

以大学生学习动机各维度及分量表、动机指数得分为因变量，家庭经济状况为自变量进行单因素方差分析，结果如表 4-14 所示。

表 4-14　贵州省新建本科院校学生学习动机在家庭经济条件上的差异检验
（$M \pm SD$）

	①很差（$n=77$）	②较差（$n=291$）	③一般（$n=517$）	④较好及以上（$n=26$）	F	P	LSD
学习知识	4.72±1.41	4.76±1.14	4.83±1.15	4.96±1.35	0.500	0.683	
获得成就	4.32±1.21	4.25±1.08	4.34±1.15	4.72±1.28	1.472	0.221	
体验刺激	4.51±1.28	4.33±1.12	4.52±1.17	4.81±1.42	2.414	0.065	
认同调节	4.87±1.38	4.99±1.12	5.09±1.16	5.03±1.53	0.945	0.418	
内摄调节	3.77±1.23	3.87±1.10	3.92±1.04	4.38±1.31	2.149	0.093	
外部调节	4.40±1.17	4.75±1.08	4.62±1.07	4.71±1.40	2.213	0.085	
内部动机	4.52±1.17	4.45±1.01	4.56±1.06	4.83±1.25	1.458	0.225	
外部动机	4.35±1.04	4.54±0.85	4.54±0.90	4.71±1.32	1.361	0.253	
无动机	3.33±1.33	3.21±1.29	2.88±1.20	3.02±1.37	6.567	0.000	①②>③
动机指数	2.84±4.52	2.72±4.02	3.84±3.96	3.34±4.31	5.244	0.001	①②<③

注：由于家庭经济条件很好组人数过少，因此与较好组合并（下同）。

表 4-14 表明，无动机和动机指数在家庭经济上存在显著差异。比较分析发现，家庭经济条件为很差、较差组的大学生在无动机上的得分显著高于家庭经济一般组的大学生。家庭经济条件为很差、较差组的大学生在动机指数上的得分显著低于家庭经济一般组的大学生。除此，不存在其他显著差异。

14. 不同个体背景变量对学习动机的交互作用检验

根据第三章表 3-1《被试基本情况调查表》，按照已有的经验和某变量下各水平人数分布是否符合统计学要求的原则，检验性别、年级、专业类型、专业学习条件、校园环境、住宿条件、饮食条件 7 个被试的背景变量对学习动机是否存在交互作用。交互效应分析结果发现，专业类型、年级对内部动机的交互作用显著（$F = 2.56$，$P = 0.037$，$\eta_p^2 = 0.011$），交互作用图见图 4-1；专业类型、性别对无动机的交互作用显著（$F = 3.93$，$P = 0.020$，$\eta_p^2 = 0.009$），交互作用图见图 4-2；专业类型、年级对无动机的交互作用显著（$F = 2.91$，$P = 0.021$，$\eta_p^2 = 0.013$），交互作用图见图 4-3；专业类型、性别对动机指数的交互作用显著（$F = 3.68$，$P = 0.026$，$\eta_p^2 = 0.008$），交互作用图见图 4-4；专业类型、年级对动机指数的交互作用显著（$F = 4.85$，$P = 0.001$，$\eta_p^2 = 0.021$），交互作用图见图 4-5。

在内部动机方面，简单效应分析发现：对于文科生而言，大一显著高于大三；对于理科生而言，大一显著高于大二；对于艺体生而言，各年级的内部动机无显著差异。可见不同年级大学生内部动机的变化受到专业类型的影响。

在无动机方面，简单效应分析发现：对于文、理科生而言，男生的无动机水平均显著高于女生；对于艺体生而言，男女生的无动机水平不存在显著差异。此外，对文科生而言，大二、大三的无动机水平高于大一，但只达到边缘显著性水平；对于理科生而言，大二的无动机水平显著高于大一；对于艺体生而言，大三的无动机水平显著高于大二。可见不同性别（见图 4-2）、不同年级（见图 4-3）大学生无动机的变化均受到专业类型的影响。

在动机指数方面，简单效应分析发现：对于文、理科生而言，女生的动机指数得分显著高于男生；对于艺体生而言，男女生的动机指数得分不存在显著差异。此外，对于文科生而言，大一的动机指数得分显著高于大二、大三；对于理科生而言，大一的动机指数得分显著高于大二；对于艺体生而言，大二的动机指数得分显著高于大一、大三。可见不同性别（见图 4-4）、不同年级（见图 4-5）大学生动机指数的变化均受到专业类型的影响。

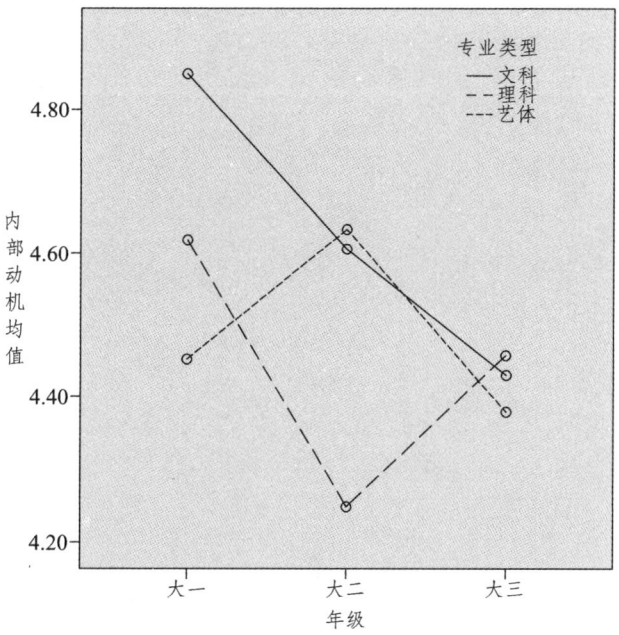

图 4-1 专业类型、年级对内部动机的交互作用

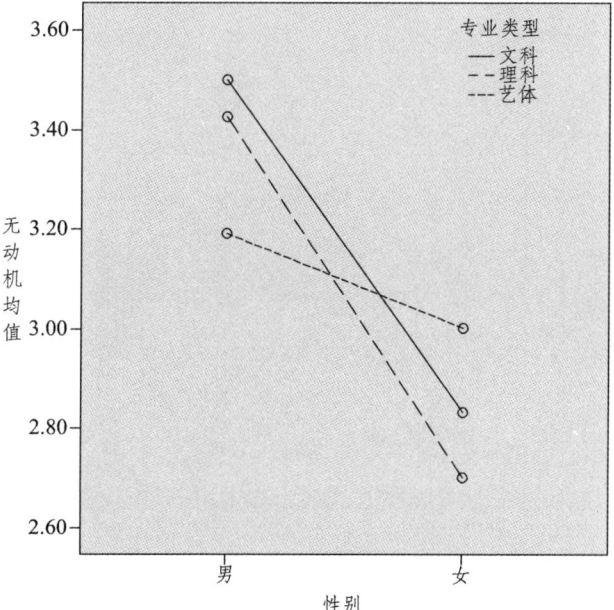

图 4-2 专业类型、性别对无动机的交互作用

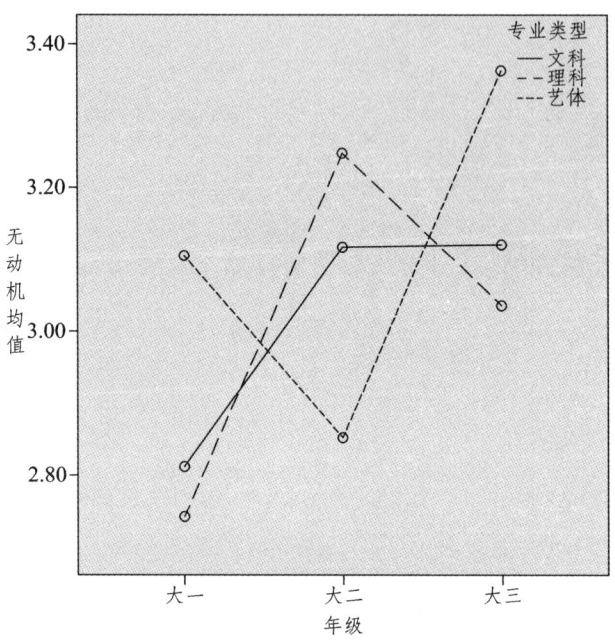

图 4-3 专业类型、年级对无动机的交互作用

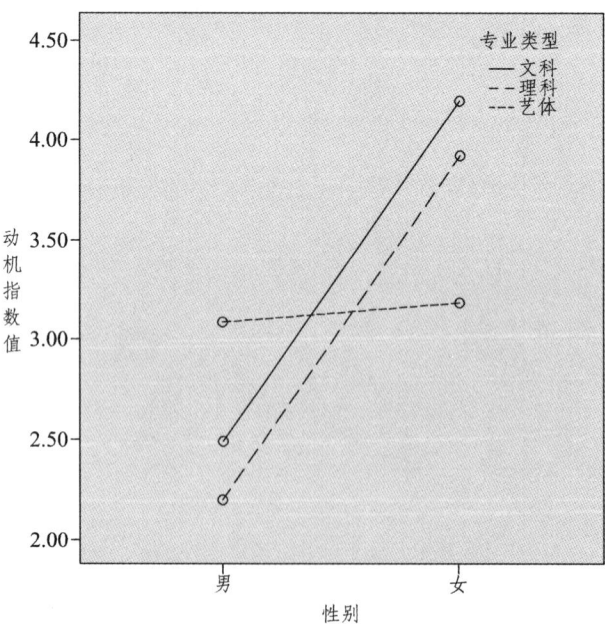

图 4-4 专业类型、性别对动机指数的交互作用

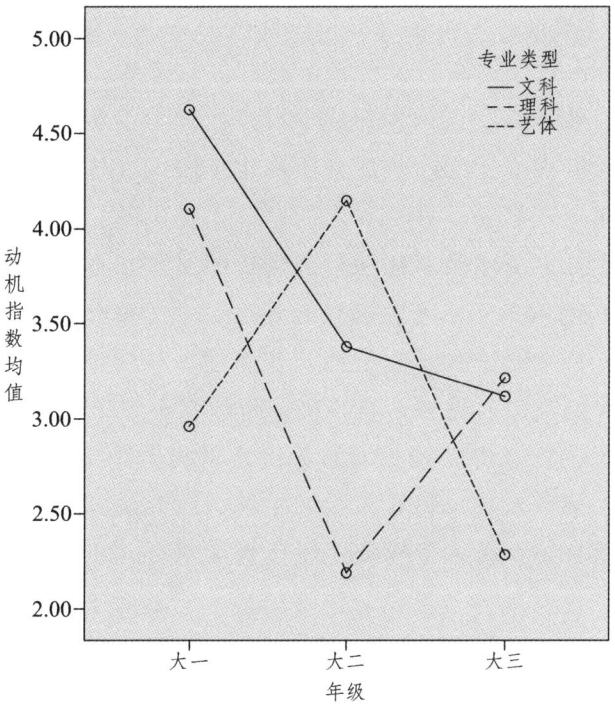

图 4-5　专业类型、年级对动机指数的交互作用

第二节　学习动机及其在个体背景变量上的差异的现状分析

一、学习动机的描述性分析

本研究从自我决定理论出发，使用《大学生学习动机量表（AMS-C28）》对贵州省新建本科院校大学生的学习动机进行调查。从自我决定理论来看，个体的学习动机是由不同成分构成的，个体可同时存在几种不同成分的学习动机（如内部动机、外部动机甚至无动机等）。该理论还指出，从无动机、外部动机到内部动机，是自主动机增强、受控动机减弱的过程。从本研究使用的测量工具来看，如果内部动机的高认同得分（项目

均分≥4）占比越高，表示学习的自主性越强。如果外部动机及无动机的高认同得分所占比例越高，说明学习的自主性越差。

  本研究结果表明，贵州省新建本科院校大学生学习动机主要由内部动机和外部动机构成，无动机成分所占比率较少。这说明大部分学生的学习动机是在内在需要及外部要求的基础上产生的，且自主性动机高于受控动机。此外，虽然没有任何行为动机的被试在本群中的占比较小，但所占比例（39.46%）比老牌院校无动机学生（陈保华，2007）在被试中所占比例（17.33%）大。这说明贵州新建本科院校中处于无动机状态的学生比老牌院校多。另外，自我决定指数不小于0的学生占了总体研究对象的八成，比老牌院校拥有自我决定动机的学生占比（64.9%）[53]大。这说明大部分新建本科院校大学生拥有自我决定式的学习动机，亦即学习动力发自于个体内部需要的学生占大部分，也说明新建本科院校中拥有自我决定动机的学生比老牌院校多。但是由于缺乏常模，他们的自我决定分数相较于全国大学生到底处于怎样的水平，尚不知晓。综合来看，推动贵州省新建本科院校大学生学习的动力大部分来自自我决定及需要，同时学生的无动机状态比传统老牌院校学生的无动机状态多，且拥有自主性动机和无动机成分的学生均多于老牌院校学生。这似乎表明新建院校学生学习动机的相对"极端性""矛盾性"的特点，他们身上既有较强的自主性力量因素，又有不小的懈怠、乏力的因素。这提示我们，未来研究可关注新建本科院校学生在学习动力上如何"扬长避短"的问题。当然，陈保华（2007）的研究距今已十年有余，传统普通高校学生的学习动机可能已有新变化。若有新近研究结果做比照将更具说服力。

  在学习动机中，认同调节动机得分最高，与刘艳（2011）对中学生，暴占光（2006）、钱慧（2007）对初中生的研究结果一致。认同调节是指个体对一个行为目标或规则进行有意识的评价，如果这个行为是重要的，对其是有帮助的，而不是义务或压力造成的，就将其接纳为自我的一部分。它是对外在影响的认可、接受，是外在影响内化的前提和条件，反映了内外的相互作用关系。本研究中，认同调节动机高分者所占比例最高。这说明随着知识经验的增加、自我意识的逐渐完善，贵州省新建本科院校大学生对外在的目标、规则等有了自己的评价，能根据其重要性进行学习，并将其中重要的内容内化到自我认知结构中去。

另外，学习知识动机高分者所占比例较高，仅次于认同调节动机高分者所占比例。这说明大部分学生是出于获得新的知识、了解周围的事物、探索世界、满足个人好奇心或兴趣去学习的。这可能与贵州地区经济社会发展相对落后存在一定关联。本次调查中的大学生大部分是来自农村（占比为88.25%），家庭经济较差乃至很差者占40.40%，家庭经济一般者占56.75%，他们的生活条件和家庭环境相对艰苦。因此，大部分学生可能对自己的生活状况都不够满意，他们还是希望通过多学知识，选择那些对自己有重要作用的目标和规则，来推动和指导自己的学习，以试图达到改变自己处境的目的。

从自我决定理论来看，学习动机不是单一的成分，个体可能同时存在内部动机、外部动机乃至于无动机成分。研究结果表明，贵州省新建本科院校大学生的外部学习动机高分所占比例还是偏高，要实现更多自主性学习，还需要更多由外部动机向内部动机转化。同时，自我决定理论强调自我在动机过程中的能动作用，并认为内驱力、内在需要和情绪是自我决定行为的动机来源，即内在动机来源。因此，对于新建本科院校学生而言，要实现学习动机的内化，需要不断认识自己、了解自己需求、明确自己所追求的理想与现实的差距，在此基础上激发出的一种内驱力和学习的兴趣，以促进自身学习动机的内化。

二、学习动机在个体背景变量上的差异分析

本研究关注的个体背景变量较多。结合以往的研究，本研究对这些个体背景变量进行了归类，分为个体、家庭、学校等方面的因素。其中个体方面的因素包括性别、年级、专业类型和志愿选择；家庭方面的因素包括生源地、是否独生、父亲和母亲文化程度以及家庭经济情况；

学校方面的因素包括专业学习条件、住宿条件、饮食条件和校园环境。其他章节关于心理变量在个体背景变量上的差异分析亦照此分类进行。

1. 个体方面的因素对学习动机的影响

本研究结果发现：在认同调节上，女生得分显著高于男生；在内摄调节和无动机上，男生得分显著高于女生；动机指数上，女生得分显著高于男生。这表明女生的自主性动机要高于男生，与张洁（2009）、刘艳（2011）、朱九扬（2014）、夏晓娟等人（2009）的研究结果一致。原因之一可能与社会期望以及男女大学生对自己的要求不同有关。一般而言，传统观念中更期望女生将来从事稳定性较强的工作。本研究被试多数来自师范类院校，女大学生可能更愿意将来成为一名教师。因此，她们能更好地将如何做一名合格的教师的要求和规则内化为自己的一部分，推动自己的学习。而男生在工作的选择上可能更为多样，选择的余地较多，因此他们的目标没有那么明确。很多时候可能是根据现实要求和学业压力来进行学习，因此在内摄调节和无动机上得分较高，学习自主性较差。

在学习知识上，大一年级得分显著高于大二、大三年级；在获得成就、内部动机上，大一年级得分显著高于大二、大三年级；而无动机上，大二、大三年级得分显著高于大一年级；在动机指数上，大一得分显著高于大二、大三。这说明低年级学生动机的内化水平高于高年级学生，学习的自主性较好。与暴占光（2006）[20]、李勇（2009）[21]、张洁（2009）[22]、朱九扬（2014）[24]的研究结果一致。原因可能是大一属于高中到大学的过渡阶段，大一学生一方面延续了高中时期的学习习惯，另一方面需要转变和调整学习习惯和方法，以主动适应大学学习的新要求。因此，他们会更加努力。而大二和大三的学生已经适应大学的学习，把更多精力放在交朋友、参加社团活动、社会活动等方面，学习方面的投入可能相对较少。大三学生离毕业相对更近，面临着考学、就业等问题。因此，受制于现实的压力，他们的学习动力可能较少发自于内，更多的是来自外在压力，因此学习动机内化程度相对较低。

在体验刺激上，文科组学生得分显著高于理工和艺体组学生；在内摄调节上，文科组和艺体组学生得分高于理工组学生。可见文科组学生动机的内化水平高于理工、艺体组学生。文科组学生学习的自主性要强一些。这与夏晓娟等（2009）的研究结果相似。原因可能与各学科自身特点及任务难度不同有关。一般而言，文科专业学习材料比理科专业的要生动、具象一些，更易激发文科生的积极情绪，积极情绪有利于提升个体动机水平。此外，理科生面临的学业任务较重、课程难度较大，这容易引发他们的焦虑，也容易使他们产生对理科类课程本身的敌对、恐惧情绪（夏晓娟等，2009）。这种情况不利于个体维持内部动机。对于艺体生而言，他们中的很多同学是因为高中阶段对基础学科的知识掌握得不够好才选择的艺体类专业，他们可能更偏爱技能性、操作性的活动，不喜欢理论知识。但是，每个专业都需要学习基础理论知识。因此，他们的内部动机也较低。

此外，大学生学习动机各维度及分量表得分在志愿选择上不存在显著差异。但是在动机指数上，自主选择的得分显著高于父母或他人意愿的得分。说明自主选择志愿的学生学习的自主性要好些。可能的原因是，这部分学生对自我有更多了解和把控，对所选专业也有一定了解，做出的志愿选择更符合其自身的能力、兴趣等，因此，在学习上表现出更强的自我决定性。

2. 学习动机在家庭因素上的分析

本研究结果表明，学习动机各维度、各分量表及动机指数得分在生源地上均不存在显著差异。其中的原因可能有以下几点：一是国家对乡村教育的重视使得乡村教育在硬件和教育观念上与城镇的差距缩小；二是随着人们经济水平的提高和家长对孩子教育的重视，越来越多的农村籍学生到城镇学校就读；三是本研究中农村样本远大于城镇样本，可能在反映二者在学习动机的差距上存在一定偏差。

本研究结果还表明，学习动机各维度、各分量表及动机指数得分在是否为独生子女上不存在显著差异。其中可能的原因是社会竞争日益增加，社会对大学生的要求越来越高，无论独生子女还是非独生子女，要在未来社会立足，都要付出更多努力才有机会。另外，现在很多父母、特别是农村父母，外出打工的特别多，无论独生还是非独生子女，得到的照顾和关心的程度相当。本研究这一结果与禹云闪等人（2017）的研究结果不一致[30]。他们的研究发现，独生子女在害怕失败上的得分显著高于非独生子女。这可能与选取的研究对象与研究工具不同有关。本研究采用陈保华修订的《大学生学习动机量表》对文、理科及艺体类大学生进行调查、而禹云闪等人（2017）的研究采用的是黄希庭、郑涌等编写的《大学生学习动机调查问卷》，且仅对理工科学生进行调查[30]。当然，本研究所取独生和非独生样本数量差异很大，独生子女的数量远远低于非独生子女，这可能使得研究结果的有效性受到一定影响。

在父母文化程度上，父亲为高中文化程度的大学生获得成就得分显著高于父亲为初中及以下和大专及以上文化程度的大学生得分。母亲为高中及以上文化程度的大学生在内摄调节上的得分显著高于母亲文化程度在初中及以下的大学生的得分。这说明父母亲的文化程度对大学生学习动机存在一定影响。父母是孩子的第一任教师，具有高中文化程度的父亲，他们可能对孩子获得成就方面有更多要求。因为他们自身有机会上但未能进入大学，因此可能将上大学的愿望寄托在孩子身上，并希望孩子通过考取大学获得更多成就。而文化程度在高中以下的父亲以及上过大专及大学的父亲，在这方面的要求可能没有那么强烈。此外，高文化程度的母亲，自身可能会更善于遵守外在的要求与规则，同时也擅长给孩子制定要求与规则，让孩子照此行事。因此，在母亲的影响下，他们能更好摄取外在规则，追求在学习上有所成就。此外，父亲文化程度为未上过学的大学生在动机指数上的得分显著低于父亲文化程度为小学及以上的大学生。说明但凡父亲上过学，就可能对孩子学习的主动性存在积极影响。

在家庭经济条件上，家庭经济条件很差和较差组大学生的无动机得分显著高于条件一般组大学生的得分。家庭经济条件很差组和较差组大学生的动机指数显著低于条件一般组大学生的得分。在经济条件较差的家庭，人们更多关注生计问题。这些家庭的孩子可能更容易在大学期间通过兼职、勤工俭学等方式改善自身经济困境。因此，在学习上可能没有投入足够的精力，读书的内部动力相对缺乏。

3. 学习动机在学校因素上的分析

在专业学习条件和住宿条件下，条件较好组在学习知识、体验刺激、认同调节、内部动机上的得分显著高于条件较差、中等组得分；在校园环境上，环境较差组和中等组在无动机上的得分显著高于条件较好组；在饮食条件上，条件较差组在学习知识上的得分显著低于条件中等和较好组，条件较差组在无动机上的得分显著高于条件中等和较好组。此外，较差和中等专业学习条件、校园环境下的动机指数，显著低于较好的专业学习条件、校园环境下的动机指数；而在不同住宿条件和饮食条件下，动机指数得分表现为较差组显著低于中等组，中等组显著低于较好组。由此可见，学校基础条件较好的，大学生学习动机的自主性水平较高，无动机水平较低。专业学习条件和校园环境包括了师资、教室、教学设施、设备等，这种外部教学条件对学生学习的主动性可能起到潜移默化的作用。同时，这些条件为学习提供了外部资源保障，增强了学习的便利性。这对促进学生学习的自发性、主动性有帮助。

而住宿条件和饮食条件是学生基本需要——睡眠和生理需求得以满足的外在因素。住宿和饮食条件越好，学生住得更舒心，吃得越放心，他们基本的生理需要可得到较好满足。根据马斯洛需要层次理论，个体只有在基本需要得到满足的情况下，才会更好地追求高级需要（如认知需要、审美需要和自我创造需要）的满足。因此，住宿条件、饮食条件越好，越能激发学生更强的求知、学习动机。

4. 专业类型、年级，专业类型、性别对学习动机的交互作用分析

本研究表明，不同年级大学生内部动机、无动机、动机指数的差异受专业类型的影响，亦即大一、大二、大三学生内部动机、无动机、动机指数的差异在不同专业类型下均表现不一。结合图 4-1、图 4-3、图 4-5 及简单效应分析结果来看，对于文理科大学生而言，内部动机、动机指数和无动机水平随年级增长而发生的变化趋势较为一致，均表现出高年级动机水平（内部动机、动机指数得分）低于低年级，高年级无动机水平高于低年级的趋势。不同的是文科生大三时动机水平最低，理科生大二时的动机水平最低、无动机水平最高。对于艺体生而言，他们的内部动机和动机指数水平随年级增长表现出先升后降的倒 V 型趋势，无动机水平随年级增长表现出先降后升正 V 型趋势。这可能与不同专业类型的要求及专业性质不同有关。文科生多摄取到陈述性、理论性知识，考试可能主要考察其记忆及想象能力。而理科生摄取到的多为数理性、逻辑性及实验性知识，考试可能主要考察其记忆、理解、推演能力。艺体类学生主要摄取到程序性、操作性知识，考试可能主要考察其操作、想象能力。对于文、理科学生，大一时都还能延续高中的良好学习势头，动机水平较高；大二、大三时可能随着同学间逐渐认识、熟悉，交往活动、社团活动等增多，对学习有所松懈，动机水平下降、无动机水平上升。不过，对于理科生而言，大三时，按照课程要求，需要走进实验室，要进行程序设计等，动机水平又有所回升，无动机水平有所下降。对于艺体类学生而言，他们学习本身的活动性、操作性较强，且在上大学之前，就对本专业有了一定的认知和准备（金则霜，2011）[67]。此外，虽然他们对理论知识的学习相对困难，但经过大一的适应和调节，到了大二时，情况可能有所改观。因此，基于前期知识技能的累积，他们在大二时能够在学习中表现得相对自如，动机水平增高，无动机水平下降；大三阶段，随着课余活动的增多，他们也许会忙于毕业设计、社团活动以及家教活动等，学习动机水平下降，无动机水平升高。

本研究还发现，不同性别大学生在无动机、动机指数上的差异受专业类型的影响，亦即男、女学生无动机、动机指数的差异在不同专业类型下表现不一。结合图4-2、图4-4及简单效应分析结果看，于文、理科生而言，男生的无动机水平均显著高于女生，男生的动机指数得分显著低于女生；于艺体生而言，男、女生的无动机水平、动机指数得分均无显著差异。这说明文理科的男生动机水平普遍低于女生。可能与男女生自我期待、自我能力感知不同有关。至于自我期待，这点与本节第二大点第一小点中对性别差异的解释相同，此处不再赘述。对于自我能力的估计，本研究认为，男生特别是理科男生可能比较自信，认为自己在数理逻辑方面占优势，故而会出现对自己能力高估的现象，因此疏于学习。对艺体专业学生而言，他们的学科本身操作性、活动性较强，数理性、逻辑性较弱，男女生的自我效能相当，因此动机水平无显著差异。

第五章 贵州新建本科院校大学生专业认同现状

第一节 专业认同及其在个体背景变量上的差异的基本情况

一、专业认同的基本情况

对贵州省新建本科院校大学生专业认同情况进行描述统计，结果如表 5-1 所示。

表 5-1 贵州省新建本科院校学生专业认同的状况

	N	最小值	最大值	均值	标准差
认知性	911	1.00	5.00	3.47	0.69
情感性	911	1.00	5.00	3.59	0.77
行为性	911	1.00	5.00	3.46	0.77
适切性	911	1.00	5.00	3.24	0.85
专业认同	911	1.00	5.00	3.47	0.65

由表 5-1 可知：贵州省新建本科院校学生专业认同及各维度均分均处于理论中值偏上水平。按得分从高到低排列依次是：情感性、认知性、行为性、适切性。

二、专业认同在个体背景变量上的差异

1. 专业认同在性别上的差异检验

以贵州省新建本科院校学生专业认同及其各维度为因变量,性别为自变量进行独立样本 T 检验。结果如表 5-2 所示。

表 5-2　贵州省新建本科院校学生专业认同在性别上的差异检验

	男生（$n=363$）		女生（$n=548$）		T	P
	M	SD	M	SD		
认知性	3.54	0.69	3.43	0.68	2.40	0.017
情感性	3.61	0.74	3.58	0.78	0.76	0.447
行为性	3.50	0.75	3.44	0.79	1.08	0.282
适切性	3.38	0.82	3.15	0.86	4.04	0.000
专业认同	3.53	0.63	3.43	0.65	2.12	0.034

由表 5-2 可知,贵州省新建本科院校学生在认知性、适切性和专业认同总分上存在显著的性别差异,具体表现为男生在认知性、适切性和总分上的得分显著高于女生。除此,其他维度不存在显著性别差异。

2. 专业认同在生源地上的差异检验

以贵州省新建本科院校学生专业认同及其各维度为因变量,生源地为自变量进行独立样本 T 检验。结果如表 5-3 所示。

表 5-3　贵州省新建本科院校学生专业认同在生源地上的差异检验

	城镇（$n=107$）		农村（$n=804$）		T	P
	M	SD	M	SD		
认知性	3.62	0.72	3.45	0.68	2.41	0.016
情感性	3.66	0.81	3.58	0.76	0.97	0.332

续表

	城镇（n=107）		农村（n=804）		T	P
	M	SD	M	SD		
行为性	3.50	0.80	3.46	0.77	0.55	0.585
适切性	3.37	0.93	3.22	0.84	1.64	0.100
专业认同	3.56	0.71	3.46	0.64	1.52	0.130

由表 5-3 可知，贵州省新建本科院校中，来自城镇的大学生的认知性得分显著高于来自农村的大学生，除此不存在其他显著差异。

3. 专业认同在是否独生子女上的差异检验

以贵州省新建本科院校学生专业认同及其各维度为因变量，是否独生子女为自变量进行独立样本 T 检验，结果如表 5-4 所示。

表 5-4　贵州省新建本科院校学生专业认同在是否独生子女上的差异检验

	是（n=63）		否（n=848）		T	P
	M	SD	M	SD		
认知性	3.50	0.74	3.47	0.68	0.31	0.757
情感性	3.57	0.75	3.59	0.77	-0.19	0.854
行为性	3.50	0.77	3.46	0.77	0.42	0.673
适切性	3.37	0.82	3.23	0.86	1.21	0.227
专业认同	3.50	0.66	3.47	0.65	0.42	0.674

由表 5-4 可知，贵州省新建本科院校学生专业认同及其各维度在是否独生子女上均不存在显著差异。

4. 专业认同在年级上的差异检验

以贵州省新建本科院校学生专业认同及其各维度为因变量，年级为自变量进行单因素方差分析，结果如表 5-5 所示。

第五章　贵州新建本科院校大学生专业认同现状

表 5-5　贵州省新建本科院校学生专业认同在年级上的差异检验（$M \pm SD$）

	①大一 (n=314)	②大二 (n=303)	③大三 (n=294)	F	P	LSD
认知性	3.44 ± 0.72	3.49 ± 0.67	3.49 ± 0.67	0.53	0.590	
情感性	3.67 ± 0.75	3.56 ± 0.77	3.53 ± 0.77	2.94	0.054	
行为性	3.54 ± 0.77	3.46 ± 0.78	3.39 ± 0.76	3.03	0.049	①>③
适切性	3.29 ± 0.83	3.23 ± 0.87	3.20 ± 0.86	0.92	0.398	
专业认同	3.52 ± 0.65	3.46 ± 0.65	3.43 ± 0.64	1.72	0.180	

由表 5-5 可知，不同年级的大学生在行为性得分上存在显著差异。事后检验发现，大一学生在行为性上的得分显著高于大三学生。除此不存在其他显著差异。

5. 专业认同在专业类型上的差异检验

以贵州省新建本科院校学生专业认同及其各维度为因变量，专业类型为自变量进行单因素方差分析，结果如表 5-6 所示。

表 5-6　贵州省新建本科院校学生专业认同在专业类型上的差异检验（$M \pm SD$）

	①文科 (n=335)	②理科 (n=305)	③艺体 (n=271)	F	P	LSD
认知性	3.43 ± 0.72	3.39 ± 0.66	3.62 ± 0.65	8.78	0.000	①②<③
情感性	3.51 ± 0.81	3.53 ± 0.75	3.76 ± 0.71	9.45	0.000	①②<③
行为性	3.42 ± 0.79	3.35 ± 0.78	3.65 ± 0.72	11.77	0.000	①②<③
适切性	3.15 ± 0.87	3.05 ± 0.84	3.57 ± 0.77	31.53	0.000	①②<③
专业认同	3.41 ± 0.67	3.37 ± 0.62	3.67 ± 0.60	18.30	0.000	①②<③

由表 5-6 可知，不同专业类型的大学生的专业认同总分及各维度得分均存在显著差异。事后检验发现，文科和理科学生的专业认同总分及各维度得分均显著低于艺体类学生。

6. 专业认同在高考志愿选择上的差异检验

以贵州省新建本科院校学生专业认同及其各维度为因变量，志愿选择类型为自变量进行单因素方差分析，结果如表 5-7 所示。

表 5-7　贵州省新建本科院校学生专业认同在志愿选择上的差异检验（$M \pm SD$）

	①自主选择 (n=693)	②父母或 他人意愿 (n=81)	③调剂专业 (n=137)	F	P	LSD
认知性	3.52 ± 0.67	3.36 ± 0.76	3.30 ± 0.69	7.22	0.001	①>②③
情感性	3.67 ± 0.73	3.43 ± 0.89	3.30 ± 0.77	15.71	0.000	①>②③
行为性	3.50 ± 0.77	3.27 ± 0.80	3.38 ± 0.77	4.16	0.016	①>②
适切性	3.30 ± 0.83	3.07 ± 0.87	3.02 ± 0.92	8.24	0.000	①>②③
专业认同	3.53 ± 0.63	3.31 ± 0.72	3.27 ± 0.65	12.12	0.000	①>②③

由表 5-7 可知，不同志愿选择类型的大学生的专业认同感存在显著差异。事后检验发现，在认知性、情感性、适切性和专业认同总分上，志愿为自主选择组的学生得分显著高于志愿为父母或他人意愿和调剂专业组的学生；在行为性上，志愿为自主选择组的学生得分显著高于父母或他人意愿组的学生。

7. 专业认同在专业学习条件上的差异检验

以贵州省新建本科院校大学生专业认同及其各维度为因变量，专业学习条件为自变量进行单因素方差分析，结果如表 5-8 所示。

由表 5-8 可知，不同专业学习条件下，大学生的专业认同总分及维度得分均存在显著差异。事后检验发现，在认知性得分上，学习条件较差、中等组得分显著低于条件较好组；在情感性、行为性、适切性和专业认同总分上，学习条件较差组得分显著低于学习条件中等组得分，学习条件中等组得分显著低于学习条件较好组得分。

表 5-8　贵州省新建本科院校学生专业认同在专业学习条件上的差异检验（$M \pm SD$）

	①较差 (n=131)	②中等 (n=583)	③较好 (n=197)	F	P	LSD
认知性	3.32 ± 0.73	3.44 ± 0.67	3.67 ± 0.67	11.96	0.000	①②<③
情感性	3.23 ± 0.86	3.57 ± 0.72	3.89 ± 0.72	31.87	0.000	①<②<③
行为性	3.24 ± 0.86	3.44 ± 0.75	3.69 ± 0.73	14.44	0.000	①<②<③
适切性	3.03 ± 1.00	3.22 ± 0.81	3.45 ± 0.83	10.65	0.000	①<②<③
专业认同	3.22 ± 0.71	3.45 ± 0.61	3.71 ± 0.62	25.76	0.000	①<②<③

8. 专业认同在校园环境上的差异检验

以贵州省新建本科院校学生专业认同及其各维度为因变量，校园环境为自变量进行单因素方差分析，结果如表 5-9 所示。

表 5-9　贵州省新建本科院校学生专业认同在校园环境上的差异检验（$M \pm SD$）

	①较差 (n=114)	②中等 (n=589)	③较好 (n=208)	F	P	LSD
认知性	3.31 ± 0.75	3.48 ± 0.68	3.55 ± 0.67	4.71	0.009	①<②③
情感性	3.41 ± 0.85	3.57 ± 0.75	3.75 ± 0.75	7.99	0.000	①<②<③
行为性	3.32 ± 0.89	3.46 ± 0.75	3.56 ± 0.75	3.62	0.027	①<③
适切性	3.24 ± 0.91	3.21 ± 0.85	3.33 ± 0.84	1.68	0.187	
专业认同	3.33 ± 0.73	3.46 ± 0.63	3.58 ± 0.63	6.02	0.003	①②<③

由表 5-9 可知，不同校园环境下的大学生在认知性、情感性、行为性和专业认同总分上存在显著差异。事后检验发现，在认知性上，环境较差组得分显著低于环境中等和较好组得分；在情感性上，环境较差组得分显著低于环境中等组得分，环境中等组得分显著低于环境较好组得分；在行为性上，环境较差组得分显著低于环境较好组得分；在专业认同总分上，环境较差和中等组得分均显著低于环境较好组得分。

9. 专业认同在住宿条件上的差异检验

以贵州省新建本科院校学生专业认同及其各维度为因变量，住宿条件为自变量进行单因素方差分析，结果如表5-10所示。

表5-10 贵州省新建本科院校学生专业认同在住宿条件上的差异检验（$M \pm SD$）

	①较差 (n=278)	②中等 (n=516)	③较好 (n=117)	F	P	LSD
认知性	3.41 ± 0.69	3.48 ± 0.68	3.58 ± 0.71	2.69	0.068	
情感性	3.47 ± 0.80	3.62 ± 0.72	3.74 ± 0.84	6.59	0.001	①<②③
行为性	3.34 ± 0.79	3.50 ± 0.74	3.59 ± 0.82	5.74	0.003	①<②③
适切性	3.19 ± 0.87	3.26 ± 0.83	3.29 ± 0.92	0.86	0.423	
专业认同	3.37 ± 0.65	3.50 ± 0.62	3.59 ± 0.70	5.72	0.003	①<②③

由表5-10可知，不同住宿条件下的专业认同总分、情感性、行为性得分存在显著差异。事后检验发现，住宿条件较差组的专业认同总分、情感性、行为性得分均显著低于住宿条件中等和较好组。此外不存在其他显著差异。

10. 专业认同在饮食条件上的差异检验

以贵州省新建本科院校学生专业认同及其各维度为因变量，饮食条件为自变量进行单因素方差分析，结果如表5-11所示。

表5-11 贵州省新建本科院校学生专业认同在饮食条件上的差异检验（$M \pm SD$）

	①较差 (n=186)	②中等 (n=611)	③较好 (n=114)	F	P	LSD
认知性	3.38 ± 0.69	3.47 ± 0.70	3.64 ± 0.59	5.19	0.006	①②<③
情感性	3.43 ± 0.77	3.60 ± 0.76	3.79 ± 0.76	7.87	0.000	①<②<③
行为性	3.36 ± 0.82	3.47 ± 0.75	3.59 ± 0.78	3.29	0.038	①<③
适切性	3.24 ± 0.86	3.22 ± 0.85	3.38 ± 0.86	1.68	0.186	
专业认同	3.37 ± 0.65	3.47 ± 0.64	3.63 ± 0.64	5.94	0.003	①②<③

第五章 贵州新建本科院校大学生专业认同现状

由表 5-11 可知，不同饮食条件下大学生的专业认同总分，认知性、情感性、行为性得分均存在显著差异。事后检验发现，在认知性和专业认同总分上，饮食条件较差组、中等组得分显著低于饮食条件较好组得分；在情感性上，饮食条件较差组得分显著低于饮食条件中等组得分，饮食条件中等组得分显著低于饮食条件较好组得分；在行为性上，饮食条件较差组得分显著低于饮食条件较好组得分。

11. 专业认同在父亲文化程度上的差异检验

以贵州省新建本科院校学生专业认同及其各维度为因变量，父亲文化程度为自变量进行单因素方差分析，结果如表 5-12 所示。

表 5-12 贵州省新建本科院校学生专业认同在父亲文化程度上的差异检验（$M \pm SD$）

	①未上过学(n=35)	②小学(n=353)	③初中(n=392)	④高中(n=96)	⑤大专及以上(n=35)	F	P
认知性	3.34 ± 0.74	3.45 ± 0.69	3.48 ± 0.66	3.49 ± 0.72	3.66 ± 0.78	1.15	0.330
情感性	3.46 ± 0.63	3.54 ± 0.79	3.64 ± 0.73	3.63 ± 0.81	3.54 ± 0.94	1.20	0.310
行为性	3.29 ± 0.64	3.42 ± 0.77	3.51 ± 0.77	3.54 ± 0.73	3.40 ± 0.97	1.40	0.231
适切性	3.00 ± 0.77	3.18 ± 0.86	3.29 ± 0.84	3.34 ± 0.88	3.27 ± 0.94	1.76	0.135
专业认同	3.31 ± 0.50	3.43 ± 0.65	3.51 ± 0.62	3.53 ± 0.67	3.49 ± 0.83	1.55	0.185

由表 5-12 可知，贵州省新建本科院校大学生专业认同总分及其各维度得分在父亲文化程度上均不存在显著差异。

12. 专业认同在母亲文化程度上的差异检验

以贵州省新建本科院校学生专业认同及其各维度为因变量，母亲文化程度为自变量进行单因素方差分析，结果如表 5-13 所示。

表 5-13　贵州省新建本科院校学生专业认同在母亲文化程度上的差异检验
（$M \pm SD$）

	①未上过学 (n=208)	②小学 (n=445)	③初中 (n=186)	④高中及以上 (n=72)	F	P	LSD
认知性	3.43 ± 0.68	3.48 ± 0.68	3.47 ± 0.70	3.61 ± 0.69	1.25	0.289	
情感性	3.53 ± 0.78	3.60 ± 0.75	3.58 ± 0.81	3.74 ± 0.74	1.33	0.264	
行为性	3.45 ± 0.82	3.49 ± 0.74	3.37 ± 0.78	3.61 ± 0.83	1.89	0.130	
适切性	3.16 ± 0.91	3.27 ± 0.82	3.13 ± 0.88	3.60 ± 0.74	6.08	0.000	①②③<④
专业认同	3.42 ± 0.65	3.49 ± 0.62	3.42 ± 0.68	3.65 ± 0.64	2.73	0.043	①②③<④

由表 5-13 可知，贵州省新建本科院校学生专业认同中，仅适切性和总分在母亲文化程度上存在显著差异。事后检验发现，在适切性和专业认同总分上，母亲文化程度为初中及以下组的大学生得分显著低于母亲文化程度为高中及以上组大学生得分。

13. 专业认同在家庭经济条件上的差异检验

以大学生专业认同总分及其各维度为因变量，家庭经济状况为自变量进行单因素方差分析，结果如表 5-14 所示。

表 5-14　新建本科院校学生专业认同在家庭经济条件上的差异检验（$M \pm SD$）

	①很差 (n=77)	②较差 (n=291)	③一般 (n=517)	④较好 (n=26)	F	P
认知性	3.40 ± 0.88	3.44 ± 0.63	3.49 ± 0.67	3.67 ± 0.87	1.34	0.261
情感性	3.42 ± 0.83	3.56 ± 0.79	3.63 ± 0.74	3.78 ± 0.75	2.37	0.069
行为性	3.54 ± 0.89	3.39 ± 0.78	3.48 ± 0.74	3.60 ± 0.92	1.46	0.225
适切性	3.27 ± 0.97	3.16 ± 0.86	3.27 ± 0.83	3.49 ± 0.86	1.71	0.163
专业认同	3.42 ± 0.76	3.42 ± 0.63	3.50 ± 0.63	3.66 ± 0.70	1.78	0.149

由表 5-14 可知，专业认同总分及各维度得分在不同家庭经济条件下均不存在显著差异。

第二节 专业认同及其在个体背景变量上的差异的现状分析

一、专业认同的描述性分析

贵州省新建本科院校大学生专业认同及其各维度得分均高于理论中值,这与秦攀博(2009)[44]、金则霜(2011)[67]、张建育等人(2016)[66]的研究结论一致。这说明大学生对自己所学专业存在中等偏上的认同度。从各维度得分的高低来看,情感性得分最高,其次是认知性,再次是行为性,最后是适切性。这与张建育等人(2016)的研究结果一致[66]。说明大学生在情感上较能接受自己所学专业,对其持有的认可度较高;对专业基本情况(如将来的就业情况,该专业在本校的地位等)的了解程度次之;对专业知识学习和实践方面的努力程度再次之;学生性格、特长、思维等方面与专业的匹配度相对不足。

二、专业认同在个体背景变量上的差异分析

1. 专业认同在个体因素上的差异分析

本研究发现,在性别变量上,男生在认知性、适切性的得分和专业认同总分上均显著高于女生。这一结果与王顶明等(2007)、赵慧勇等(2013)、李海芬等(2014)和张萌等(2018)的研究结果基本一致。其原因可能与职业偏见、性别角色的传统定位、社会期待有关(李海芬等,2014;胡志海等,2006)。虽然政策层面一直主张男女平等,但很多时候实际上女性仍处在一个相对不平等的地位。比如在就业方面,某些单位招聘就仅限于招男性。因此,女性在选择专业时为避免择业困难,可能更倾向于选择将来相对容易就业的专业而不是个人所喜好的专业。另外,本研

究中的大部分学生来自农村，可能更多受到传统观念的影响，认为女性应当主内，以照料家庭为重，学得好、干得好不如将来嫁得好。

本研究结果表明，在年级变量上，大一学生在行为性上的得分显著高于大三。可能原因是大一年级学生刚进入大学，他们仍然延续了高中阶段的学习热情，也充满了对本专业的好奇，期待通过努力学习增长对所学专业的了解。因此，他们投身专业学习和实践的努力程度较高。而到了高年级，随着他们对社会及专业的认识不断深入，他们发现专业知识的内容、结构及在现实生活中的实用性等与之前的期待有所出入，于是难免会产生失落感，从而导致学习活动的积极性下降。同时，随着年级的增加，大学生的生活圈被逐渐打开，学生展现自己的舞台（如社团、兼职等）也不断扩展，导致学生用在学习上的精力被不断分散，学习的投入度有所下降（李若兰，2018）[64]。此外，本研究中，专业认同随年级增长显现出逐渐降低的趋势，与张干群等人（2016）[11]、何木叶等[47]（2016）的研究结果不一致。前一个研究发现，一至三年级大学生专业认同呈倒 U 型发展模式，后一个研究发现专业认同随年级增长呈 U 型发展特点。这可能与取样群体和样本大小不同有关系。张干群等（2016）、何木叶等（2016）的研究中，取样均来自某个专业的学生，并且样本数量比较少。而本研究中样本覆盖专业多，数量较大。

在专业类型上，艺体类学生的专业认同各维度得分和专业认同总分均显著高于文科和理科类学生，这与金则霜（2011）的研究结果部分一致。原因之一可能与各专业学习内容的侧重点和倾向性有所不同有关。虽然无论什么专业均需学习基本的通识课程，但对于专业课而言，艺体类学生所学内容更具操作性和趣味性，文科学生所学内容情感性较强，理工科学生所学内容数理性、逻辑性更强。理论性和逻辑性知识比较抽象和枯燥，有可能使学生困难以理解而导致学习意向降低，因此专业认同较低。另外的可能原因是，基于我国的高考制度，艺体类学生在上大学之前，通常对自身的兴趣爱好和能力倾向有较好的把握，且大部分学生在早期的学习中对艺术、体育知识和技能有了较多了解，故他们对自身所学专业有了一定了解。这种对自身性格、能力、爱好的认知把握和选择在合适专业上进行发展学习都很好地促进了艺体类学生的专业认同。而与此形成对比的是，我国学生在选择文理科的时候受到诸多因素的影响，比如部分中学生在选择文理科时对自己能力倾向和兴趣了解不深，部分家长和老师持有的理工科地位高于文科的观念直接或间接地影响了学生对学科类型的选择。相当一部分学生和家长在进行学科和专业选择时，不但考虑学生的自身因素，而且综合参考专业就业形势、家庭背景条件、学校学科地位等多种因素。各种因素造成文科和理工科学生在进入大学后需要一个比艺术体育类学生更长的专业适应、接受过程（金则霜，2011）[67]。

在高考志愿选择上，自主选择志愿组学生的行为性得分显著高于父母或他人意愿组，自主选择志愿组学生在认知性、情感性、适切性及总的专业认同方面的得分均显著高于父母或他人意愿及调剂组学生的得分。而父母或他人意愿与调剂专业学生之间的专业认同差异不显著。这一结果与秦攀博（2009）、金则霜（2011）、林媛（2016）、李若兰（2018）的研究结果基本一致。其原因可能是自主选择专业的学生在进入本专业学习之初，多数对自身能力、人格特质、兴趣喜好、相关知识背景进行了考量，对专业有初步的了解，因此对专业学习抱有一定的积极期望。另外，人们普遍存在着外显及内隐自尊，即有意无意认为自己的以及与自己有关的东西就是好的。既然是自己选择的专业，就要对本专业持较高的评价和认可，以此来维护自尊。更为重要的是，自主选择提升了学生对自己生活学习的自主感和控制感，增强了学生对自己的选择和未来生活承担责任的意识，较易形成自我约束。这不仅促进了认知、情感上的专业认同，还激发了具体的努力学习行为。所以，相对于父母或他人意愿、调剂专业的学生来说，自主选择专业的学生更容易形成高水平的专业认同感。而由父母、他人意愿选择专业，或是调剂专业，难以准确考虑专业与学习者个人条件之间的适合性，还可能引起学习者本人的抗拒、排斥、厌恶态度，导致总体专业认同及各因子水平偏低（金则霜，2011）[67]。

2. 专业认同在家庭因素上的差异分析

本研究结果发现，在生源地变量上，来自城镇的大学生在认知性上的得分显著高于来自农村的大学生。原因可能是城镇学生在信息获取的便利性方面具有优势。一般而言，大学都建在城镇，城镇学生可以很便利地了解到所在城市的大学及其专业的基本状况。另外，相比农村学校，城镇学校可能拥有更多的有关各大学的招生信息、专业介绍等报刊资料、宣传手册。因此，城镇大学生在进入大学前，就对所学专业有了一定认识。入学后，这种认识会更为深入。所以，他们对本专业的认识好于农村学生。

在是否为独生子女上，独生与非独生子女的专业认同不存在显著差异。一般而言，独生子女家庭经济情况优于非独生子女家庭。本研究显示，独生子女与非独生子女家庭经济存在显著差异（$T=3.64$，$P=0.001<0.05$），独生子女家庭经济状况平均得分（$M=2.83$）显著高于非独生子女家庭经济状况平均得分（$M=2.52$）。独生子女能获得父母更多的经济支持，可以在学习上有更多的物质便利。而非独生子女可能更多考虑到家庭经济不够好，会更为努力地试图通过学习去改变现有处境。因此，二者对本专业的认同并没有显著差别。此结果与张萌等人（2018）的研究结果不一致[68]。这可能与取样群体、独生与非独生大学生取样数量不同有关。

在父亲的文化程度上，不同父亲文化程度下的大学生专业认同不存在显著差异，说明父亲文化程度不影响大学生的专业认同。而与此形成对比的是，母亲文化程度会影响大学生的专业认同。在本研究中具体表现为：在适切性得分和专业认同总分上，母亲文化程度为高中及以上组得分显著高于母亲文化程度为初中及以下组得分。这可能是因为母亲在日常生活中，更注重对孩子的教育，更关心他们在学习上的表现。知识水平较高及有远见的母亲，一方面通过自己在生活中的示范作用积极影响孩子，另一方面对孩子要求较高，要求他们专注于自己的学业，从而形成较高的专业认同感。

在家庭经济条件方面，专业认同不存在显著差异。这与张萌等（2018）的研究结果不一致。张萌等（2018）的研究发现，家庭经济状况较好的学生，其专业认同高于家庭经济状况一般以及较差的学生[68]。本研究中56.75%的大学生家庭经济条件属于一般，31.94%的大学生家庭经济条件属于较差，二者占比达到88.69%。家庭经济条件为很差和较好的占比很少。各个水平的家庭经济条件样本数量差异太大，可能是结果没有差异的一个原因。另一个原因可能是取样地区整体上经济水平都比较落后，大学生家庭经济条件的实际差异不是太大。

3. 专业认同在学校因素上的差异分析

本研究结果表明，在情感性、行为性、适切性及专业认同总分上，条件较好组得分显著高于中等组得分，中等组得分又显著高于较差组得分，这与秦攀博（2009）和赵慧勇等（2013）的研究结果基本一致。这说明大学生专业认同的高低可能受到所在学校专业学习条件的影响。专业学习条件较好容易使大学生产生对本专业的认可态度，自然认同感也较高；较差的专业学习条件可能会使大学生对本专业抱有失望的态度，认同感降低。这些专业条件包括学校的硬件设施，也包括软环境，比如学习氛围、师资力量、人际关系等。这些因素的好坏，都可能会对专业情感的好恶、行为的积极性和适切性产生影响。此外，在认知性因子上，专业学习条件较好组得分显著高于较差和中等组得分。这可能是专业学习条件好能够提供更多的机会、信息和途径，使大学生更充分地了解自己所学的专业（秦攀博，2009）[44]。

在住宿条件上，住宿条件较好和中等组大学生在情感性、行为性和专业认同总分上的得分显著高于条件较差组，这说明住宿条件会影响到大学生对本专业的情感、专业学习的努力程度以及总体的专业认同感。

此外，认知性、情感性、行为性及总体专业认同均表现出随饮食条件和校园环境越好而得分越高的态势。这说明学校生活条件和学习环境可能也会影响到大学生的专业认同。马斯洛的需要层次理论指出，人们在基本需要得到满足的情况下，才会寻求高级需要的满足。住宿条件、饮食条件、校园环境是满足学生生理、安全需要的外部因素。这些外部条件较好，就能让学生的生理、安全需要得到保障，进而能够使他们以更加饱满的热情和专注投入到对高级需要的追求中去。这会丰富其专业知识，充沛其专业热情，进而提高其专业认同。

第六章 贵州新建本科院校大学生学校归属感现状

第一节 学校归属感及其在个体背景变量上的差异的基本情况

一、学校归属感的基本情况

对贵州省新建本科院校大学生的学校归属感及其各维度得分进行描述统计分析，结果如表 6-1 所示。

表 6-1 贵州省新建本科院校学生学校归属感状况

	N	最小值	最大值	均值	标准差
归属感	911	1.08	5.92	3.69	0.73
抵制感	911	1.00	5.80	2.90	0.84
学校归属感	911	1.33	5.61	3.81	0.61

由表 6-1 可知，新建本科大学生在归属感和学校归属感上项目的平均分分别为 3.69、3.81，均高于理论中值（3.5）；抵制感的平均得分为 2.90，低于理论中值（3.5）。这说明抵制感相对较低，归属感相对较高。

二、学校归属感在个体背景变量上的差异

1. 学校归属感在性别上的差异检验

以学校归属感及其各维度为因变量,性别为自变量进行独立样本 T 检验。结果如表 6-2 所示。

表 6-2 贵州省新建本科院校学生学校归属感在性别上的差异检验

	男生(n=363)		女生(n=548)		T	P
	M	SD	M	SD		
归属感	3.75	0.78	3.65	0.69	2.05	0.041
抵制感	2.97	0.89	2.85	0.81	-1.98	0.049
学校归属感	3.83	0.65	3.79	0.57	1.01	0.313

表 6-2 表明,大学生的归属感得分在性别上存在显著差异,表现为男生的得分显著高于女生。男、女生的抵制感得分存在显著性差异,表现为男生的得分显著高于女生。学校归属感总分不存在显著性别差异。

2. 学校归属感在生源地上的差异检验

以大学生学校归属感及其各维度为因变量,生源地为自变量进行独立样本 T 检验。结果如表 6-3 所示。

表 6-3 贵州省新建本科院校学生学校归属感在生源地上的差异检验

	城镇(n=107)		农村(n=804)		T	P
	M	SD	M	SD		
归属感	3.69	0.73	3.69	0.73	-0.02	0.988
抵制感	2.83	0.82	2.91	0.85	-0.84	0.401
学校归属感	3.82	0.61	3.80	0.61	0.29	0.770

表 6-3 表明,大学生学校归属感及其各维度在生源地上不存在显著差异。

3. 学校归属感在是否独生子女上的差异检验

以大学生学校归属感及其各维度为因变量，是否独生为自变量进行独立样本 T 检验。结果如表 6-4 所示。

表 6-4 贵州省新建本科院校学生学校归属感在是否独生子女上的差异检验

	是（n=63）		否（n=848）		T	P
	M	SD	M	SD		
归属感	3.69	0.66	3.69	0.73	0.01	0.994
抵制感	2.69	0.91	2.91	0.84	2.00	0.045
学校归属感	3.86	0.57	3.80	0.61	0.75	0.455

表 6-4 表明，大学生的学校归属感总分和归属感得分在是否独生上不存在显著差异。在抵制感上，非独生子女的得分显著高于独生子女的得分。

4. 学校归属感在年级上的差异检验

以大学生学校归属感及其各维度为因变量，年级为自变量进行单因素方差分析。结果如表 6-5 所示。

表 6-5 贵州省新建本科院校学生学校归属感在年级上的差异检验（$M \pm SD$）

	①大一 (n=314)	②大二 (n=303)	③大三 (n=294)	F	P	LSD
归属感	3.77 ± 0.72	3.64 ± 0.73	3.65 ± 0.72	3.21	0.041	①>②③
抵制感	2.76 ± 0.82	3.04 ± 0.83	2.90 ± 0.86	8.76	0.000	②>③>①
学校归属感	3.91 ± 0.62	3.73 ± 0.59	3.78 ± 0.59	6.87	0.001	①>②③

表 6-5 表明，不同年级的大学生在学校归属感上的得分存在显著差异。事后多重比较发现，大一年级学生在学校归属感总分、归属感得分上，均显著高于大二和大三年级学生的得分，在抵制感维度上，大二年级得分显著高于大三年级得分，大三年级得分显著高于大一年级得分。

5. 学校归属感在专业类型上的差异检验

以大学生学校归属感及其各维度为因变量，专业类型为自变量进行单因素方差分析。结果如表6-6所示。

表6-6 贵州省新建本科院校学生学校归属感在专业类型上的差异检验（$M \pm SD$）

	①文科 (n=335)	②理科 (n=305)	③艺体 (n=271)	F	P
归属感	3.65 ± 0.75	3.67 ± 0.73	3.76 ± 0.69	1.93	0.145
抵制感	2.88 ± 0.85	2.93 ± 0.83	2.89 ± 0.85	0.37	0.693
学校归属感	3.78 ± 0.62	3.78 ± 0.61	3.86 ± 0.57	1.61	0.202

表6-6表明，大学生学校归属感及其各维度在专业类型上不存在显著差异。

6. 学校归属感在高考志愿选择上的差异检验

以大学生学校归属感及其各维度为因变量，高考志愿选择为自变量进行单因素方差分析。结果如表6-7所示。

表6-7 贵州省新建本科院校学生学校归属感在志愿选择上的差异检验（$M \pm SD$）

	①自主选择 (n=693)	②父母或他人意愿 (n=81)	③调剂 (n=137)	F	P	LSD
归属感	3.74 ± 0.70	3.41 ± 0.81	3.59 ± 0.76	9.25	0.000	①>②③
抵制感	2.87 ± 0.85	3.17 ± 0.85	2.91 ± 0.77	4.77	0.009	②>①③
学校归属感	3.85 ± 0.59	3.53 ± 0.65	3.73 ± 0.62	11.89	0.000	①>③>②

表6-7表明，不同志愿选择类型的大学生在学校归属感上存在显著差异。多重比较发现，在归属感维度上，自主选择志愿组的得分显著高

于父母或他人意愿以及调剂志愿组的得分；在抵制感维度上，父母或他人意愿组的得分显著高于自主选择及调剂志愿组的得分；在学校归属感总分上，自主选择组得分显著高于调剂志愿组得分，调剂志愿组得分显著高于父母或他人意愿组得分。

7. 学校归属感在专业学习条件上的差异检验

以大学生学校归属感及其各维度为因变量，专业学习条件为自变量进行单因素方差分析。结果如表6-8所示。

表6-8 贵州省新建本科院校学生学校归属感在专业学习条件上的差异检验 ($M \pm SD$)

	①较差（$n=131$）	②中等（$n=583$）	③较好（$n=197$）	F	P	LSD
归属感	3.41 ± 0.73	3.66 ± 0.69	3.96 ± 0.74	24.65	0.000	①<②<③
抵制感	2.98 ± 0.75	2.92 ± 0.81	2.78 ± 0.98	2.95	0.053	①②>③
学校归属感	3.58 ± 0.56	3.78 ± 0.58	4.03 ± 0.64	24.42	0.000	①<②<③

表6-8表明，不同专业学习条件下，大学生的归属感、抵制感得分及学校归属感总分均存在显著差异。事后多重比较发现，专业学习条件较好组的归属感得分和学校归属感总分显著高于专业学习条件中等组的得分，专业学习条件中等组的归属感得分和学校归属感总分显著高于专业学习条件较差组的得分。而在抵制感的得分上，专业学习条件较差组和中等组显著高于专业学习条件较好组。

8. 学校归属感在校园环境上的差异检验

以大学生学校归属感及其各维度为因变量，校园环境为自变量进行单因素方差分析。结果如表6-9所示。

表 6-9　贵州省新建本科院校学生学校归属感在校园环境上的差异检验
($M \pm SD$)

	① 较差 (n=114)	② 中等 (n=589)	③ 较好 (n=208)	F	P	LSD
归属感	3.38 ± 0.73	3.66 ± 0.70	3.96 ± 0.72	26.36	0.000	①<②<③
抵制感	3.19 ± 0.76	2.94 ± 0.82	2.63 ± 0.89	18.29	0.000	①>②>③
学校归属感	3.51 ± 0.60	3.77 ± 0.58	4.07 ± 0.58	38.86	0.000	①<②<③

表 6-9 表明，不同校园环境下的大学生学校归属感存在显著差异。多重比较发现，校园环境较差组的归属感得分和学校归属感总分均显著低于校园环境中等和校园环境较好组的得分，校园环境中等组的归属感得分和学校归属感总分均显著低于校园环境较好组的得分。在抵制感维度上，校园环境较差组得分显著高于校园环境中等组、较好组的得分，校园环境中等组得分显著高于校园环境较好组的得分。

9. 学校归属感在住宿条件上的差异检验

以大学生学校归属感及其各维度为因变量，住宿条件为自变量进行单因素方差分析。结果如表 6-10 所示。

表 6-10　贵州省新建本科院校学生学校归属感在住宿条件上的差异检验
($M \pm SD$)

	① 较差 (n=278)	② 中等 (n=516)	③ 较好 (n=117)	F	P	LSD
归属感	3.51 ± 0.69	3.71 ± 0.69	4.06 ± 0.80	25.06	0.000	①<②<③
抵制感	3.00 ± 0.79	2.90 ± 0.82	2.63 ± 1.01	7.97	0.000	①②>③
学校归属感	3.64 ± 0.60	3.82 ± 0.56	4.14 ± 0.67	29.85	0.000	①<②<③

表 6-10 表明，不同住宿条件下的大学生学校归属感存在显著差异。事后多重比较发现，住宿条件较差组的学生的归属感得分和学校归属感

总分显著低于住宿条件中等组的和住宿条件较好组的学生的得分;住宿条件中等组的学生的归属感得分和学校归属感总分均显著低于住宿条件较好组的学生的得分。在抵制感维度上,住宿条件较差和住宿条件中等组的学生的得分显著高于住宿条件较好组的学生的得分。

10. 学校归属感在饮食条件上的差异检验

以大学生学校归属感及其各维度为因变量,饮食条件为自变量进行单因素方差分析。结果如表 6-11 所示。

表 6-11 贵州省新建本科院校学生学校归属感在饮食条件上的差异检验
($M \pm SD$)

	①较差 ($n=186$)	②中等 ($n=611$)	③较好 ($n=114$)	F	P	LSD
归属感	3.47 ± 0.75	3.70 ± 0.69	3.98 ± 0.74	18.67	0.000	①<②<③
抵制感	3.12 ± 0.81	2.90 ± 0.82	2.57 ± 0.90	14.66	0.000	①>②>③
学校归属感	3.59 ± 0.64	3.82 ± 0.57	4.11 ± 0.61	27.44	0.000	①<②<③

表 6-11 表明,不同饮食条件的大学生学校归属感在饮食条件上存在显著差异。事后多重比较发现,饮食条件较好组的归属感得分和学校归属感总分均显著高于饮食条件中等组得分,饮食条件中等组的归属感得分和学校归属感总分均显著高于饮食条件较差组得分。在抵制感维度上,饮食条件较差组得分显著高于饮食条件中等组得分,饮食条件中等组得分显著高于饮食条件较好组得分。

11. 学校归属感在父亲受教育程度上的差异检验

以大学生学校归属感及其各维度为因变量,父亲受教育程度为自变量进行单因素方差分析。结果如表 6-12 所示。

表 6-12　贵州省新建本科院校学生学校归属感在父亲受教育程度上的差异检验（$M \pm SD$）

	①未上过学 ($n=35$)	②小学 ($n=353$)	③初中 ($n=392$)	④高中 ($n=96$)	⑤大专及以上 ($n=35$)	F	P	LSD
归属感	3.35±0.83	3.69±0.75	3.70±0.68	3.77±0.70	3.72±0.83	2.28	0.059	
抵制感	3.27±0.85	2.91±0.86	2.93±0.81	2.75±0.84	2.55±0.96	4.09	0.003	①>②③④⑤ ②③>⑤
学校归属感	3.45±0.65	3.80±0.62	3.81±0.57	3.91±0.63	3.92±0.67	4.000	0.003	①<②③④⑤

表 6-12 表明，大学生的抵制感得分和学校归属感总分在父亲受教育程度上存在显著差异。事后多重比较发现，在抵制感得分上，父亲未上过学组的大学生的得分显著高于父亲受教育程度在小学及以上组的大学生的得分，父亲受教育程度为小学和初中组的大学生得分显著高于父亲受教育程度为大专及以上组的学生的得分。在学校归属感总分上，父亲受教育程度为未上过学组的大学生的得分显著低于父亲受教育程度为小学及以上组的大学生的得分。此外，不存在其他显著差异。

12. 学校归属感在母亲受教育程度上的差异检验

以大学生学校归属感及其各维度为因变量，母亲受教育程度为自变量进行单因素方差分析。结果如表 6-13 所示。

表 6-13　大学生学校归属感在母亲受教育程度上的差异分析（$M \pm SD$）

	①未上过学 ($n=208$)	②小学 ($n=445$)	③初中 ($n=186$)	④高中及以上 ($n=72$)	F	P
归属感	3.59±0.82	3.72±0.70	3.70±0.71	3.76±0.64	1.82	0.141
抵制感	2.88±0.86	2.92±0.84	2.90±0.81	2.85±0.93	0.18	0.907
学校归属感	3.74±0.67	3.82±0.59	3.81±0.59	3.87±0.56	1.27	0.282

表 6-13 表明，大学生的学校归属感及其各维度在母亲受教育程度上不存在显著差异。

13. 学校归属感在经济条件上的差异分析

以大学生学校归属感及其各维度为因变量，家庭经济条件为自变量进行单因素方差分析。结果如表 6-14 所示。

表 6-14 贵州省新建本科院校学生学校归属感在经济条件上的差异检验
（$M \pm SD$）

	①很差 ($n=77$)	②较差 ($n=291$)	③一般 ($n=517$)	④较好及以上 ($n=26$)	F	P	LSD
归属感	3.47 ± 0.98	3.65 ± 0.72	3.74 ± 0.66	3.78 ± 0.93	3.59	0.013	①<②③④
抵制感	3.07 ± 0.91	2.93 ± 0.85	2.86 ± 0.82	2.87 ± 0.99	1.57	0.198	
学校归属感	3.60 ± 0.78	3.77 ± 0.61	3.85 ± 0.56	3.88 ± 0.73	4.56	0.004	①<②③④

表 6-14 表明，大学生学校归属感在家庭经济条件上存在显著差异。事后多重比较发现，在归属感及学校归属感总分上，家庭经济情况较差、一般和较好及以上组的大学生的得分均显著高于家庭经济条件很差组的大学生的得分。此外，不存在其他显著差异。

14. 不同个体背景变量对学校归属感的交互作用检验

按照第五章的变量挑选方法，检验性别、年级、专业类型、专业学习条件、校园环境、住宿条件、饮食条件 7 个被试的背景变量对学校归属感是否存在交互作用，交互效应分析结果发现，年级、专业类型对学校归属感的交互作用显著。（$F = 4.14$, $P = 0.003$, $\eta^2_p = 0.018$），交互作用图见图 6-1。简单效应分析发现，对于文科专业学生而言，大一学生的学校归属感显著高于大二、大三学生。大三学生的学校归属感高于大二学生,但二者差异只达到边缘显著水平;对于理科专业学生而言,大一、大三的学校归属感显著高于大二学生。对于艺体专业学生而言,大二学生学校归属感高于大三学生,但二者差异只达到边缘显著水平。

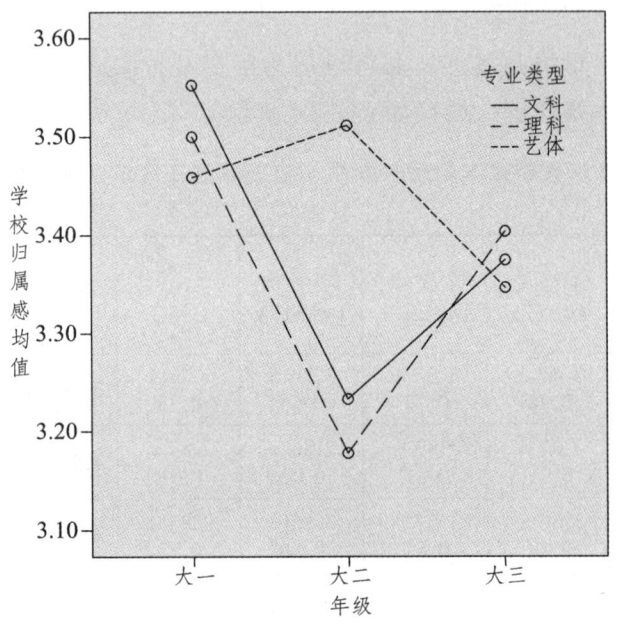

图 6-1 年级、专业类型对学校归属感的交互作用

第二节 学校归属感及其在个体背景变量上的差异的现状分析

一、学校归属感现状分析

贵州省新建本科院校学生学校归属感总分和归属感维度均分高于理论中值(3.50),抵制感得分低于理论中值(3.50)。与刘金婷(2017)的研究结果相比较,本研究中贵州新建本科院校大学生归属感的得分

（M=3.69）和学校归属感总分（M=3.81）低于刘金婷（2017）的研究中的大学生归属感的得分（M=3.83）和学校归属感总分（M=3.86）。而本研究中的抵制感得分（M=2.90）低于刘金婷（2017）的研究中抵制感得分（M=3.07）。这说明贵州省新建本科院校大学生对学校的归属感和抵制感均弱于省外普通大学生。其可能的原因是，新建本科院校的本科办学时间比较短暂，这些学校的师资力量相对薄弱，学校的基础建设、制度建设还不够完备，总体的本科办学水平相对偏低。因此学生的归属感相对较低。另一方面，新建本科院校的大学生大部分来自农村，录取时的高考分数较低。他们能考入大学，得益于高校的扩招和大量新建本科院校的建立。在竞争日益激烈的时代，新建本科院校想要吸引更多优秀学生报考本校，也要从各方面加强对学生的帮助与关心，以扩大学校的声誉和口碑。因此，学生的抵制感也并不太高。

二、学校归属感在个体背景变量上的差异分析

1. 学校归属感在个体因素上的差异分析

本研究结果表明，在性别变量上，男生在归属感因子上的得分显著高于女生。与汪雅霜、王芳（2015）[119]，黄燕琼（2019）[98]研究结果部分一致。这可能与不同性别的大学生对家庭的情感寄托有关。相比男性大学生，女性大学生心思更加细腻敏感，把更多的情感寄托放在了家庭上，她们对家庭有较强的依恋感和归属感，较难形成对新的环境的依赖，因而对学校的归属感相对弱些。男生性格比较豪放，容易与老师同学建立亲密人际关系，较快适应新的环境，因此男生的归属感高于女生。不过，本研究还显示，男生在抵制感维度上的得分也显著高于女生。这看似矛盾的结果，可能正是他们粗犷性格的体现，反映出他们情感的不稳定性和两面性。一方面他们更容易与身边的同学、老师相处，感受到他人给予的友善、温暖；另一方面，他们在遇到不称心的事情时，也更

敢于表达自己不满意的情绪。而女生的情感表达相对细腻、含蓄。因此，在归属感和抵制感上的表现不及男生那么夸张。

在年级变量上，大一学生的学校归属感总分和归属感因子得分均显著高于大二和大三学生的得分，与赵联防（2009）[94]、黄慧华（2014）[89]及黄燕琼（2019）[98]研究结果基本一致。而抵制感得分上，大学一年级显著小于大学三年级，大学三年级显著小于大学二年级。可能的原因是大学一年级是高中阶段转向大学阶段的过渡时期，他们对大学充满了新鲜感，同时大学生活中也存在一些新的挑战，需要他们主动适应和积极融入。比如，他们会积极主动地参与学习活动、班级活动、社团活动等各种活动，在各种活动中，认识大学、体会大学生活的丰富性。同时，老师和高年级同学一般比较照顾大一新生，相对于高年级学生而言他们得到的关注更多。随着学业的推进，升到二年级、三年级之后，他们对环境慢慢熟悉了许多，这种新奇感会逐渐消失。伴随着课程任务的加重，他们参与学校活动的热情开始减弱，教师的支持作用也相比刚入学时降低，加之学校中的很多事物和自己之前理想中的不太一样，可能会产生一种失落、厌恶心理。到了大三之后，他们还会逐渐考虑自己日后的社会发展方向，并做进一步的规划与打算。受到择业或是升学等马上需要面临的现实问题的影响，学生感受到很大压力，特别是国内近几年就业情况不容乐观，他们容易变得迷茫，所以对班级关注度会慢慢下降，其归属感也随之下降（黄慧华，2014）[89]。

在不同专业类型上，学校归属感及其各维度不存在显著差异。这与黄慧华（2014）的研究结果一致[89]，与黄燕琼（2019）的研究结果不一致[98]。这可能的原因是，在贵州新建本科院校中，各专业的学习条件和师资力量差异不大，不同专业类型的学生感受到的来自学校、教师、同学给予的关心、支持没有太大区别。

在志愿选择上，自主选择志愿组的学校归属感总分及归属感维度分均显著高于父母或他人意愿组以及调剂组得分；自主选择志愿组和调剂组的抵制感得分均显著低于父母或他人意愿组。自主选择志愿的学生，在入学前对自己所选的学校和专业有所了解，也因为这是从自己的意愿和兴趣出发做出的选择，所以可能更喜欢自己的专业，兴趣较为浓厚，对学校各方面也比较容易满足。

2. 学校归属感在家庭因素上的差异分析

在生源地变量上，学校归属感及其各维度不存在显著的差异。这与黄慧华（2014）[89]、刘金婷（2017）[87]和黄燕琼（2019）[98]的研究结果一致。一方面的原因可能是随着社会经济的不断发展，城乡之间的经济水平、交通状况、网络覆盖等方面的差距不断缩小，他们对外部世界的感受与认知的差异程度也在不断减小，他们对学校的关注度、融入度趋同（黄燕琼，2019）[98]。另一方面的原因可能是，现在国家实施精准扶贫政策，对农村贫困学生的经济资助增多、覆盖面更广，老师们对这部分学生予以更多关注，因此来自农村和城镇的大学生的学校归属感差异不显著。

在是否为独生子女变量上，学校归属感总分及归属感维度分不存在显著差异。该结果与黄燕琼（2019）的研究结果一致[98]。其中一个可能的原因是，独生子女在与人分享、打交道方面可能相对较弱，不那么容易博得他人喜欢，但他们的独立性可能更强，他们更能从容面对外在环境的变化。而非独生子女与兄弟姐妹分享的机会较多，他们懂得相互帮助、相互关心、相互分享，这使得他们在学校里能够更好地与同学相处。不过，他们依赖性可能更强一些，更容易受外在环境变化的影响。因此，独生与非独生各有优势和劣势，这使得他们在学校归属感上差异不显著。另一个可能原因是，信息化的发展影响了独生、非独生子女的归属感。有研究者认为，随着信息化程度的提高，过去独生子女（独生子女一般来源于城镇）在获得的信息资源与支持上比非独生子女多的优势被逐渐打破，导致独生子女在学校适应、归属感等方面优于非独生子女的情况得以改变。到了2018年度，随着中国经济的高速增长，中国信息化有了显著的发展和进步，独生子女与非独生子女在获取信息资源与支持上趋同，因而在学校归属感上差异不显著（黄燕琼，2019）[98]。本研究结果与孙小玉（2014）的研究结论不一致，该研究结果显示非独生子女的学校归属感高于独生子女[90]。这可能与研究对象不同有一定关系，孙小玉（2014）研究中关注的是中学生，本研究关注的是大学生。

此外，本研究还显示，非独生子女大学生的抵制感分数明显高于独生子女。这与崔晨（2015）的研究结果一致[88]。这可能与成长环境有关。独生子女的自主性、独立性比较强，受环境的影响可能相对弱一些，并且他们也不愿意轻易表达自己的不满。而非独生子女的依赖性以及对他人和环境的感受性可能强一些，且他们自小与兄弟姐妹交往多，可能更敢于表达自己的不满。因此，非独生子女可能更容易感受到环境中不良因素，并敢于表达出来，抵制感自然更强一些。

在父亲文化程度上，父亲文化程度为小学及以上组的抵制感得分显著低于父亲文化程度为未上过学组的得分，在学校归属感总分上则相反。此外，父亲文化程度为大专及以上组的抵制感得分显著低于父亲文化程度为小学和初中组的得分。这可能的原因是，一方面父亲文化程度越高，对孩子就越能起到榜样作用，对他们喜欢学习、喜欢学校越能起到一种助推作用；另一方面，父亲文化程度越高，对孩子抱有的期望越高，这些父亲也可能更通晓事理，对孩子提出高要求的同时，也会说明其中的道理，并积极为他们的学习提供一些便利（比如购买更多学习用品等），给予更多物质上的关心以及精神上的鼓励等。孩子受到这样的影响，也会理智从容地投入学习，不断追求高级需要的满足。因此，父亲文化程度越高其孩子对学校的归属感就越为强烈。

新建本科院校大学生的学校归属感在母亲文化程度上不存在显著差异。俗话说"严父慈母"，父亲对孩子要求更严，同时可能给予孩子更多物质上的帮助。母亲则显得更为慈爱、包容，她们一般比较细腻，更多从情感上给予孩子支持和关心。母亲给了孩子充分的爱，孩子在今后的成长中都会受用无穷。无论母亲文化程度如何，她们都会在情感上给予孩子支持和包容,这使得母亲文化程度不同的大学生形成了对学校相对一致的归属感。

在家庭经济条件上,家庭经济条件很差组的归属感得分显著低于经济条件较差和一般组,家庭经济条件很差组的学校归属感总分显著低于经济条件较差、一般、较好及以上组。其可能原因是家庭经济越好,越能满足大学生学习生活中的需求,使学生承担较少的经济压力,能更好地享受学习和生活中的乐趣,因而学校归属感较高;而对于经济条件很差的学生,虽然学校提供了各种奖助学金,但是由于学习生活成本较高。已有的经济条件还是较难满足基本消费。他们可能会想其他办法(比如在商场兼职、家教、向他人借钱等)来维持在学校的基本学习生活开支,承担较大的经济压力,因而学校归属感较低。

3. 学校归属感在学校因素上的差异分析

在专业学习条件和饮食条件上,条件较好组大学生的学校归属感总分及归属感维度分均显著高于条件较差和中等组得分。在校园环境和住宿条件上,条件较好组的学校归属感及归属感维度分显著高于条件中等组得分,条件中等组的学校归属感总分及归属感维度分又显著高于条件较差组得分。而抵制感得分在四个学校因素上,均表现为条件较好的得分低、条件较差的得分高的态势。校园环境、饮食、住宿条件是大学生在大学求学、生活最直接感受到的外在条件。专业学习条件的好坏决定了学生学习可利用的资源的多少。可利用的资源越多,学生的学习会更为便利,对学校的归属感就会越强。校园环境越是整洁、安静、优美,越能带给个体以美的享受,本身就越能满足人的审美需要,归属感也会越高。饮食、住宿条件是保障人的基本需要(生理需要)获得满足的条件之一。按照马斯洛需要层次理论,这些基本的条件越好,学生的基本需要越是得到了较好满足,就能更好地向上寻求归属和爱的需要,因此条件越好的学校归属感得分就越高。

4. 年级、专业类型对学校归属感的交互作用分析

本研究表明，不同年级大学生学校归属感的差异受专业类型的影响，亦即大一、大二、大三学生学校归属感的差异在不同专业类型下表现不一。结合图 6-1 及简单效应分析结果来看，对于文、理科专业大学生而言，他们的学校归属感随年级增加呈现正 V 型趋势，大二学生学校归属感最低。这可能是大学一年级处于适应大学生活的阶段，学院领导、辅导员、任课教师乃至于宿管、食堂阿姨可能有意无意、或多或少对他们予以关注、关心，因此归属感较高。到了大学二年级时，这种关注、关心可能就比较少了。有的学生可能认识到理想和现实的差距，因而产生失落感，归属感较低。到了大三时候，随着对自己的认识和了解增多，开始为自己的将来做打算，能够逐渐接受现实，并为自己的目标去努力，因此，归属感又有所上升。对于艺体专业大学生而言，大学二年级的学校归属感最高，但各年级间差异不显著。其中可能的原因是，艺体专业学生上大学前对本专业就有较多的了解，课堂又多以操作性活动展开，且课程教学多以小班教学为主。因而各年级学生感受到的班级氛围、感受到的来自教师的关心关怀不存在太大差异。

第七章 贵州新建本科院校大学生生活满意度现状

第一节 生活满意度及其在个体背景变量上的差异的基本情况

一、生活满意度的基本情况

贵州新建本科院校大学生的生活满意度的描述性统计结果如表 7-1 所示。

表 7-1 贵州省新建本科院校学生生活满意度的状况

	N	最小值	最大值	均值	标准差
学校满意度	911	1.00	7.00	4.59	0.99
友谊满意度	911	1.43	7.00	4.94	0.90
学业满意度	911	1.00	7.00	4.00	1.06
家庭满意度	911	2.00	7.00	5.38	1.04
环境满意度	911	1.00	7.00	4.66	0.89
自由满意度	911	1.00	7.00	4.88	0.99
生活满意度	911	1.00	6.94	4.76	0.74

由表 7-1 可知,除了学业满意度之外,贵州省新建本科院校学生生

活满意度各维度均处于中等偏上水平（与中值4比较）。生活满意度各维度平均分由高到低依次是家庭满意度、友谊满意度、自由满意度、环境满意度、学校满意度、学业满意度。其中，家庭满意度最高，学业满意度最低。

二、生活满意度在个体背景变量上的差异分析

1. 生活满意度在性别上的差异检验

以贵州省新建本科院校学生生活满意度及其各维度为因变量，性别为自变量进行独立样本 T 检验。结果如表 7-2 所示。

表 7-2　贵州省新建本科院校学生生活满意度在性别上的差异检验

	男生（n=363）		女生（n=548）		T	P
	M	SD	M	SD		
学校满意度	4.59	0.97	4.59	1.01	0.03	0.979
友谊满意度	4.99	0.95	4.91	0.86	1.20	0.231
学业满意度	4.18	1.09	3.88	1.03	4.15	0.000
家庭满意度	5.33	1.02	5.42	1.06	-1.35	0.179
环境满意度	4.58	0.93	4.71	0.87	-2.16	0.031
自由满意度	4.88	1.08	4.89	0.93	-0.14	0.892
生活满意度	4.78	0.76	4.75	0.72	0.53	0.599

表 7-2 表明，贵州省新建本科院校大学生学业满意度和环境满意度存在显著的性别差异。具体表现为，男生学业满意度得分显著高于女生，女生环境满意度得分显著高于男生。除此，不存在其他方面的显著性别差异。

2. 生活满意度在生源地上的差异检验

以贵州省新建本科院校大学生生活满意度及其各维度为因变量，生源地为自变量进行独立样本 T 检验。结果如表 7-3 所示。

表 7-3 贵州省新建本科院校学生生活满意度在生源地上的差异检验

	城镇（n=107）		农村（n=804）		T	P
	M	SD	M	SD		
学校满意度	4.52	1.14	4.60	0.97	-0.79	0.430
友谊满意度	5.12	0.84	4.92	0.90	2.19	0.029
学业满意度	4.23	1.10	3.97	1.06	2.39	0.017
家庭满意度	5.37	1.00	5.39	1.05	-0.16	0.873
环境满意度	4.71	0.92	4.65	0.89	0.67	0.506
自由满意度	4.95	0.95	4.88	1.00	0.68	0.498
生活满意度	4.84	0.73	4.75	0.74	1.11	0.267

表 7-3 表明，贵州省新建本科院校学生友谊满意度和学业满意度在生源地上存在显著差异，具体表现为，在友谊和学业满意度上城镇组得分显著高于农村组得分，在其他方面和总分上不存在显著的生源地上的差异。

3. 生活满意度在是否独生子女上的差异检验

以贵州省新建本科院校学生生活满意度及其各维度为因变量，是否独生子女为自变量进行独立样本 T 检验，结果如表 7-4 所示。

表 7-4 贵州省新建本科院校学生生活满意度在是否独生子女上的差异检验

	是（n=63）		否（n=848）		T	P
	M	SD	M	SD		
学校满意度	4.78	1.08	4.58	0.99	1.57	0.116
友谊满意度	5.20	0.86	4.92	0.90	2.38	0.017
学业满意度	4.22	1.14	3.98	1.06	1.69	0.091
家庭满意度	5.23	1.13	5.40	1.03	-1.26	0.225
环境满意度	4.78	0.95	4.65	0.89	1.16	0.245
自由满意度	4.95	0.98	4.88	0.99	0.51	0.608
生活满意度	4.88	0.75	4.76	0.73	1.28	0.200

表 7-4 表明，贵州省新建本科院校学生的友谊满意度得分在是否为独生子女上存在显著差异。具体表现为，独生子女的友谊满意度得分显著高于非独生子女的得分，其他方面均不存在显著差异。

4. 生活满意度在年级上的差异检验

以贵州省新建本科院校学生生活满意度及其各维度为因变量，年级为自变量进行单因素方差分析，结果如表 7-5 所示。

表 7-5 贵州省新建本科院校学生生活满意度在年级上的差异检验（$M \pm SD$）

	①大一 (n=314)	②大二 (n=303)	③大三 (n=294)	F	P	LSD
学校满意度	4.73 ± 1.07	4.47 ± 0.98	4.56 ± 0.91	5.68	0.004	①>②③
友谊满意度	5.00 ± 0.91	4.89 ± 0.92	4.93 ± 0.85	1.36	0.258	
学业满意度	3.96 ± 1.08	4.02 ± 1.05	4.01 ± 1.06	0.24	0.785	
家庭满意度	5.47 ± 0.98	5.29 ± 1.13	5.39 ± 1.00	2.34	0.097	
环境满意度	4.76 ± 0.96	4.54 ± 0.83	4.67 ± 0.87	4.85	0.008	①>②
自由满意度	4.97 ± 0.97	4.80 ± 1.02	4.88 ± 0.99	2.14	0.118	
生活满意度	4.84 ± 0.76	4.69 ± 0.72	4.76 ± 0.71	3.10	0.046	①>②

表 7-5 表明，在贵州省新建本科院校学生中，不同年级的大学生的生活满意度存在显著差异。多重比较后发现，在学校满意度上，大一学生的得分显著高于大二和大三学生的得分；在环境满意度和生活满意度上，大一学生的得分显著高于大二学生的得分。除此不存在其他显著差异。

5. 生活满意度在专业类型上的差异检验

以贵州省新建本科院校大学生生活满意度及其各维度为因变量，专业类型为自变量进行单因素方差分析，结果如表 7-6 所示。

表 7-6 贵州省新建本科院校学生生活满意度在专业类型上的差异检验
($M \pm SD$)

	①文科 (n=335)	②理科 (n=305)	③艺体 (n=271)	F	P	LSD
学校满意度	4.59 ± 1.03	4.53 ± 0.99	4.66 ± 0.95	1.26	0.285	
友谊满意度	4.96 ± 0.91	4.92 ± 0.87	4.94 ± 0.91	0.15	0.861	
学业满意度	3.91 ± 1.04	3.90 ± 1.08	4.21 ± 1.05	8.01	0.000	①②<③
家庭满意度	5.45 ± 1.04	5.40 ± 1.02	5.29 ± 1.06	0.71	0.181	
环境满意度	4.68 ± 0.91	4.67 ± 0.89	4.61 ± 0.88	0.66	0.520	
自由满意度	4.89 ± 1.00	4.93 ± 0.98	4.83 ± 0.99	0.70	0.500	
生活满意度	4.77 ± 0.74	4.75 ± 0.71	4.78 ± 0.76	0.16	0.850	

表 7-6 表明，在贵州省新建本科院校大学生中，不同专业类型大学生的学业满意度得分存在显著差异。多重比较后发现，文科和理科大学生的学业满意度得分显著低于艺体类学生的得分。其他方面不存在显著差异。

6. 生活满意度在高考志愿选择上的差异检验

以贵州省新建本科院校大学生生活满意度及其各维度为因变量，高考志愿选择类型为自变量进行单因素方差分析，结果如表 7-7 所示。

表 7-7 表明，除家庭满意度外、友谊满意度之外，生活满意度及其各维度在不同志愿选择类型上均存在显著差异。多重比较发现，在学校满意度、环境满意度得分和生活满意度总分上，志愿为自主选择和调剂专业组的大学生的得分显著高于志愿为父母或他人意愿组的大学生的得分；在学业满意度上，志愿为自主选择组的大学生的得分显著高于父母或他人意愿和调剂专业组的大学生的得分；在自由满意度上，志愿为自主选择组的大学生的得分显著高于志愿为父母或他人意愿组的大学生的得分。

表 7-7　贵州省新建本科院校学生生活满意度在志愿选择上的差异检验
（$M \pm SD$）

	①自主选择 (n=693)	②父母或他 人意愿 (n=81)	③调剂专业 (n=137)	F	P	LSD
学校满意度	4.65 ± 0.96	4.12 ± 1.10	4.56 ± 1.03	10.59	0.000	①③>②
友谊满意度	4.97 ± 0.87	4.77 ± 0.99	4.91 ± 0.95	1.95	0.143	
学业满意度	4.06 ± 1.03	3.79 ± 1.15	3.83 ± 1.20	4.36	0.013	①>②③
家庭满意度	5.39 ± 1.02	5.18 ± 1.16	5.48 ± 1.08	2.19	0.113	
环境满意度	4.70 ± 0.88	4.30 ± 0.93	4.66 ± 0.89	7.27	0.001	①③>②
自由满意度	4.94 ± 0.96	4.56 ± 1.18	4.80 ± 1.01	6.03	0.002	①>②
生活满意度	4.80 ± 0.71	4.48 ± 0.82	4.73 ± 0.76	7.18	0.001	①③>②

7. 生活满意度在专业学习条件上的差异检验

以贵州省新建本科院校大学生生活满意度及其各维度为因变量，专业学习条件为自变量进行单因素方差分析，结果如表 7-8 所示。

表 7-8　贵州省新建本科院校学生生活满意度在专业学习条件上的差异检验
（$M \pm SD$）

	①较差 (n=131)	②中等 (n=583)	③较好 (n=197)	F	P	LSD
学校满意度	4.26 ± 1.04	4.54 ± 0.94	4.95 ± 1.01	22.11	0.000	①<②<③
友谊满意度	4.78 ± 0.95	4.90 ± 0.88	5.17 ± 0.86	9.64	0.000	①②<③
学业满意度	3.65 ± 1.14	4.01 ± 1.01	4.20 ± 1.12	10.60	0.000	①<②<③
家庭满意度	5.16 ± 1.21	5.36 ± 1.02	5.61 ± 0.94	7.82	0.000	①<②<③
环境满意度	4.45 ± 0.84	4.60 ± 0.89	4.96 ± 0.87	16.35	0.000	①②<③
自由满意度	4.66 ± 1.03	4.89 ± 0.96	5.00 ± 1.04	4.69	0.009	①<②③
生活满意度	4.52 ± 0.76	4.74 ± 0.72	5.00 ± 0.70	19.06	0.000	①<②<③

表 7-8 表明，生活满意度及其各维度在不同专业学习条件上均存在显著差异。多重比较发现，在学校满意度、学业满意度、家庭满意度得

分和生活满意度总分上，专业学习条件较差组的大学生的得分显著低于专业学习条件中等组的大学生的得分，专业学习条件中等组的大学生的得分又显著低于专业条件较好组的大学生的得分；在友谊满意度和环境满意度上，专业学习条件较差和中等组的大学生的得分显著低于专业条件较好组的大学生的得分；在自由满意度上，专业学习条件较差组的大学生的得分显著低于专业学习条件中等及较好组的大学生的得分。

8. 生活满意度在校园环境上的差异检验

以贵州省新建本科院校学生生活满意度及其各维度为因变量，校园环境为自变量进行单因素方差分析，结果如表7-9所示。

表7-9 贵州省新建本科院校学生生活满意度在校园环境上的差异检验
($M \pm SD$)

	①较差 (n=114)	②中等 (n=589)	③较好 (n=208)	F	P	LSD
学校满意度	4.20 ± 1.05	4.51 ± 0.95	5.02 ± 0.95	31.90	0.000	①<②<③
友谊满意度	4.74 ± 1.07	4.90 ± 0.87	5.17 ± 0.83	10.91	0.000	①②<③
学业满意度	3.84 ± 1.17	3.98 ± 1.03	4.13 ± 1.08	2.95	0.053	①<③
家庭满意度	5.05 ± 1.22	5.38 ± 1.04	5.59 ± 0.87	10.34	0.000	①<②<③
环境满意度	4.43 ± 0.75	4.57 ± 0.88	5.02 ± 0.90	24.92	0.000	①②<③
自由满意度	4.71 ± 1.07	4.85 ± 0.98	5.09 ± 0.97	6.43	0.002	①②<③
生活满意度	4.52 ± 0.81	4.72 ± 0.72	5.02 ± 0.66	21.36	0.000	①<②<③

表7-9表明，不同校园环境中大学生的生活满意度及其各维度均存在显著差异，事后多重比较发现，在学校满意度、家庭满意度得分及生活满意度总分上，校园环境较差组的得分均显著低于校园环境中等组的得分，校园环境中等组的得分又显著低于环境较好组的得分；在友谊满意度、环境满意度和自由满意度上，均表现为校园环境较差和中等组的得分显著低于环境较好组的得分；在学业满意度上，校园环境较差组的得分显著低于环境较好组的得分。

9. 生活满意度在住宿条件上的差异检验

以贵州省新建本科院校学生生活满意度及其各维度为因变量,住宿条件为自变量进行单因素方差分析,结果如表7-10所示。

表7-10 贵州省新建本科院校学生生活满意度在住宿条件上的差异检验
($M \pm SD$)

	①较差 (n=278)	②中等 (n=516)	③较好 (n=117)	F	P	LSD
学校满意度	4.31 ± 1.00	4.64 ± 0.93	5.06 ± 1.08	25.90	0.000	①<②<③
友谊满意度	4.83 ± 0.94	4.94 ± 0.86	5.22 ± 0.89	7.80	0.000	①②<③
学业满意度	3.80 ± 1.04	4.07 ± 1.04	4.16 ± 1.17	7.52	0.001	①<②③
家庭满意度	5.22 ± 1.14	5.43 ± 1.00	5.58 ± 0.90	5.91	0.003	①<②③
环境满意度	4.42 ± 0.87	4.68 ± 0.86	5.15 ± 0.87	29.16	0.000	①<②<③
自由满意度	4.80 ± 1.02	4.89 ± 0.97	5.07 ± 1.00	3.03	0.049	①<③
生活满意度	4.59 ± 0.73	4.79 ± 0.71	5.06 ± 0.74	18.30	0.000	①<②<③

表7-10表明,生活满意度及其各维度在不同住宿条件上均存在显著差异。事后多重比较发现,在学校满意度、环境满意度和生活满意度总分上,住宿条件较差组的得分显著低于住宿条件中等组的得分,住宿条件中等组的得分显著低于住宿条件较好组的得分;在学业满意度和家庭满意度上,住宿条件较差组的得分显著低于住宿条件中等和较好组的得分;在友谊满意度上,住宿条件较差和中等组的得分显著低于住宿条件较好组的得分;在自由满意度上,住宿条件较差组的得分显著低于住宿条件较好组的得分。

10. 生活满意度在饮食条件上的差异检验

以贵州省新建本科院校学生生活满意度及其各维度为因变量,饮食条件为自变量进行单因素方差分析,结果如表7-11所示。

表 7-11 贵州省新建本科院校学生生活满意度在饮食条件上的差异检验
（$M \pm SD$）

	①较差 （n=186）	②中等 （n=611）	③较好 （n=114）	F	P	LSD
学校满意度	4.33 ± 1.01	4.60 ± 0.96	4.94 ± 1.06	13.98	0.000	①<②<③
友谊满意度	4.80 ± 0.93	4.94 ± 0.88	5.17 ± 0.87	5.89	0.003	①②<③
学业满意度	3.96 ± 1.10	4.00 ± 1.04	4.07 ± 1.12	0.42	0.655	
家庭满意度	5.13 ± 1.14	5.43 ± 1.02	5.56 ± 0.90	8.09	0.000	①<②③
环境满意度	4.39 ± 0.80	4.67 ± 0.89	5.03 ± 0.95	18.61	0.000	①<②<③
自由满意度	4.72 ± 1.00	4.91 ± 0.96	5.04 ± 1.10	4.19	0.015	①<②③
生活满意度	4.58 ± 0.76	4.78 ± 0.72	4.99 ± 0.73	11.66	0.000	①<②<③

表 7-11 表明，除学业满意度外，生活满意度及其各维度在不同饮食条件上均存在显著差异。多重比较发现，在学校满意度、环境满意度和生活满意度总分上，饮食条件较差组的得分显著低于饮食条件中等组的得分，饮食条件中等组的得分显著低于饮食条件较好组的得分；在家庭满意度和自由满意度上，饮食条件较差组的得分显著低于饮食条件中等和较好组的得分；除此之外，在友谊满意度上，饮食条件较差和中等组的得分显著低于饮食条件较好组的得分。

11. 生活满意度在父亲文化程度上的差异检验

以贵州省新建本科院校学生生活满意度及其各维度为因变量，父亲文化程度为自变量进行单因素方差分析，结果如表 7-12 所示。

表 7-12 表明，除学校满意度外，生活满意度及其各维度在父亲文化程度上均存在显著差异。事后多重比较发现，在环境满意度、自由满意度和生活满意度总分上，父亲文化程度为未上过学组的得分显著低于父亲文化程度为小学及以上组的得分，而在生活满意度总分上，还表现为父亲文化程度为初中组的得分显著低于高中组的得分；在友谊满意度上，

父亲文化程度为未上过学组的得分显著低于初中及以上组的得分，父亲文化程度为小学组的得分显著低于初中组的得分，父亲文化程度为初中组的得分又显著低于高中组的得分；在学业满意度上，父亲文化程度为未上过学组的得分显著低于高中组的得分，父亲文化程度为小学组的得分又显著低于初中和高中组的得分；在家庭满意度上，父亲文化程度为初中及以下组的得分显著低于父亲文化程度为高中组的得分，而父亲文化程度为未上过学组的得分又显著低于初中组的得分。

表 7-12 贵州省新建本科院校学生生活满意度在父亲文化程度上的差异检验 ($M \pm SD$)

	①未上过学 ($n=35$)	②小学 ($n=353$)	③初中 ($n=392$)	④高中 ($n=96$)	⑤大专及以上 ($n=35$)	F	P	LSD
学校满意度	4.23 ± 0.69	4.61 ± 1.05	4.60 ± 0.89	4.61 ± 1.17	4.59 ± 1.23	1.21	0.303	
友谊满意度	4.54 ± 0.99	4.84 ± 0.91	4.99 ± 0.83	5.20 ± 0.93	5.12 ± 0.98	5.52	0.000	①<③④⑤ ②<③<④
学业满意度	3.70 ± 1.12	3.89 ± 1.03	4.06 ± 1.02	4.16 ± 1.17	4.16 ± 1.31	2.68	0.031	①<④ ②<③④
家庭满意度	4.98 ± 1.25	5.32 ± 1.11	5.40 ± 0.93	5.69 ± 1.00	5.40 ± 1.19	3.83	0.004	①②③<④ ①<③
环境满意度	4.22 ± 0.70	4.66 ± 0.95	4.67 ± 0.83	4.74 ± 0.93	4.74 ± 0.99	2.45	0.045	①<②③④⑤
自由满意度	4.35 ± 1.28	4.84 ± 1.02	4.94 ± 0.93	5.00 ± 0.97	4.83 ± 0.96	3.49	0.008	①<②③④⑤
生活满意度	4.36 ± 0.72	4.71 ± 0.76	4.80 ± 0.67	4.93 ± 0.80	4.83 ± 0.83	4.68	0.001	①<②③④⑤ ③<④

12. 生活满意度在母亲文化程度上的差异检验

以贵州省新建本科院校学生生活满意度及其各维度为因变量，母亲文化程度为自变量进行单因素方差分析，结果如表 7-13 所示。

表 7-13　贵州省新建本科院校学生生活满意度在母亲文化程度上的差异检验
($M \pm SD$)

	①未上过学 ($n=208$)	②小学 ($n=445$)	③初中 ($n=186$)	④高中及以上 ($n=72$)	F	P	LSD
学校满意度	4.60 ± 0.95	4.60 ± 1.00	4.59 ± 1.00	4.47 ± 1.11	0.41	0.747	
友谊满意度	4.77 ± 0.93	4.93 ± 0.88	5.06 ± 0.88	5.17 ± 0.86	5.27	0.001	①<②③④ ②<④
学业满意度	3.85 ± 1.10	4.01 ± 1.00	3.97 ± 1.10	4.45 ± 1.13	5.87	0.001	①②③<④
家庭满意度	5.24 ± 1.10	5.40 ± 1.01	5.45 ± 1.06	5.50 ± 0.96	1.88	0.132	
环境满意度	4.60 ± 0.88	4.66 ± 0.93	4.72 ± 0.86	4.63 ± 0.81	0.64	0.589	
自由满意度	4.81 ± 1.11	4.89 ± 0.96	4.90 ± 0.96	5.00 ± 0.91	0.75	0.522	
生活满意度	4.66 ± 0.75	4.77 ± 0.73	4.81 ± 0.74	4.90 ± 0.72	2.36	0.070	

表 7-13 表明，友谊满意度和学业满意度在母亲文化程度上存在显著差异。多重比较发现，在友谊满意度上，母亲文化程度为未上过学组的得分显著低于母亲文化程度为小学至高中组的得分，而母亲文化程度为小学组的得分显著低于母亲文化程度为高中及以上组的得分；在学业满意度上，母亲文化程度为初中及以下组的得分显著低于母亲文化程度为高中及以上组的得分。除此，不存在其他显著差异。

13. 生活满意度在经济条件上的差异检验

以贵州省新建本科院校学生生活满意度及其各维度为因变量，经济条件为自变量进行单因素方差分析，结果如表 7-14 所示。

表 7-14 表明，大学生生活满意度及其各维度在不同家庭经济条件上的得分均存在显著差异。多重比较发现，在学校满意度、家庭满意度和自由满意度上，家庭经济条件很差和较差组得分显著低于家庭经济条件一般组得分；在友谊满意度得分和生活满意度总分上，家庭经济条件很

差组显著低于家庭经济条件一般和较好及以上组,家庭经济条件较差组显著低于一般组;在学业满意度上,家庭经济条件很差和较差组得分显著低于家庭经济条件一般和较好及以上组得分;在环境满意度上,家庭经济条件很差组得分显著低于家庭经济条件较差及以上组得分。

表 7-14 贵州省新建本科院校学生生活满意度在家庭经济条件上的差异检验 ($M \pm SD$)

	①很差 ($n=77$)	②较差 ($n=291$)	③一般 ($n=517$)	④较好及以上 ($n=26$)	F	P	LSD
学校满意度	4.41 ± 1.06	4.50 ± 1.01	4.66 ± 0.97	4.60 ± 0.97	2.58	0.052	①②<③
友谊满意度	4.68 ± 1.18	4.81 ± 0.84	5.05 ± 0.86	5.12 ± 0.99	7.30	0.000	①<③④ ②<③
学业满意度	3.83 ± 1.22	3.83 ± 1.08	4.10 ± 1.01	4.33 ± 1.13	5.82	0.001	①②<③④
家庭满意度	5.11 ± 1.15	5.24 ± 1.07	5.51 ± 0.89	5.35 ± 1.14	6.28	0.000	①②<③
环境满意度	4.34 ± 0.89	4.61 ± 0.85	4.73 ± 0.91	4.75 ± 0.77	4.71	0.003	①<②③④
自由满意度	4.70 ± 1.29	4.78 ± 0.97	4.97 ± 0.95	4.94 ± 1.00	3.29	0.020	①②<③
生活满意度	4.53 ± 0.87	4.65 ± 0.70	4.86 ± 0.72	4.87 ± 0.73	8.43	0.000	①<③④ ②<③

第二节 生活满意度及其在个体背景变量上的差异的现状分析

一、生活满意度现状分析

贵州省新建本科院校学生生活满意度及其各维度(除学业满意度)得分处于理论中值偏上水平,与冯盼(2016)的研究结果比较一致[103]。

具体看来家庭满意度得分最高，这说明贵州省新建本科院校学生比较喜欢父母的教养方式，家庭成员之间的相处比较融洽，家庭氛围比较好。而学校满意度、学业满意度得分靠后。造成这种情况的原因，一方面可能与学校本身的教学质量及管理水平相对较低有关，与其他老牌院校相比，贵州新建本科院校整体竞争力偏弱，在师资、校园环境、学校管理、文化积淀等方面存在短板；另一方面，现在的大学生面临的就业压力越来越大，就业形势比较严峻，新建本科院校对学生的就业指导和学业规划做得不够。这些因素使许多学生感到迷茫，不知道自己将来到底适合从事哪些方面的工作，就业方向不明确，很多时候可能出现学业和就业方向产生矛盾冲突的现象。因此导致大学生的学校和学业满意度相对较低。

二、生活满意度在个体背景变量上的差异分析

1. 生活满意度在个体因素上的差异分析

在性别上，男生的学业满意度和环境满意度得分显著高于女生，其可能的原因与男性和女性的某些性格特性的差异有关。艾格雷（Eagly，1995）的研究表明，女性更具有社会敏感性、友好和关心他人幸福这样的特性，她们更多地受到负疚感和焦虑的困扰，在家庭和其他社会组织中，女性要承担更多的社会支持及维持关心的责任。可能正是由于这些人格上的特点，使得女性在生活满意度总体水平上比男生更低[120]。

在年级因素上，大一学生的学校满意度高于大二和大三的学生，大一学生的学业满意度和总体生活满意度高于大二学生。这其中的可能原因是：一方面，大学的管理和氛围比高中宽松，这使刚摆脱高中时期紧张和束缚的大一学生能够感受到自由宽松的学习生活所带来的乐趣，认识新学校、新同学，参加各种活动、社团等；另一方面，他们还延续了高中时期的学习习惯，对学习还保持较高的投入度和专注度，而大二、大三的学生过了"新鲜期"，进入了"倦怠期"，更多学生表现出对现状

的不满和对将来生存的忧虑，他们投入学习的时间和精力也不及大一时期。因此，大二、大三学生满意度不及大一学生。

在学科类型上，艺体类大学生的学业满意度高于文科类和理科类学生。这可能与学科性质有一定关系。艺体类学生接触的更多是具有可操作性的知识和技能，而文科、理科类学生接触到的更多是理论性、抽象性的知识。艺体类学生可能更多感受到学习的趣味，因此学业满意度较高。

在志愿选择上，自主选择志愿和调剂志愿学生的学校、环境满意度和总体生活满意度高于父母或他人意愿组的学生。自主选择志愿的学生，其学业满意度高于父母或他人意愿和服从调剂组的学生；自主选择志愿的学生，其自由满意度高于父母或他人意愿组的学生。其可能的原因是，自主选择志愿的学生，对填报学校及专业有一定了解，具有自主性，其选择体现出自己的意愿，自身心理感受得到尊重。而调剂志愿组往往是未被自己选择的专业录取，而被调剂到其他专业。这种情况属于个人选择受阻，迫于无奈，被动服从安排。父母或他人意愿组的学生是完全被动服从他人意愿，自己可能并不了解和喜欢这个学校及专业。因此，志愿填报是出于父母或他人意愿以及服从调剂的学生生活满意度较低。

2. 生活满意度在家庭因素上的差异分析

在生源地因素上，城镇学生的友谊和学业满意度高于农村学生。其中可能的原因是农村大学生升入大学之后，生活空间发生了较大变化，与城镇学生对比，他们可能需要更多的适应时间。同时他们也可能不那么自信和乐于交往。根据人际关系理论，付出越少，得到的关注相对也较少，这使农村学生在友谊方面的满意度不及城镇学生。此外，可能是因为来自农村的学生比较敏感，自尊心较强，会对自己的学业有过高的期望和要求，所以学业满意度也比较低。另外，本研究中，农村学生中认为自己家庭经济水平为中等及较差的人数占比为43.41%，城镇学生中认为自己家庭经济水平为中等及较差的人数占比为17.76%。因此，更多农村学生可能因为经济原因，压缩了与同学交往以及投入学业的时间。

在是否为独生子女上，本研究发现独生子女的友谊满意度得分显著高于非独生子女。其可能原因有二：一是对独生子女来说，由于家庭中无兄弟姐妹，对友谊的需求相对就更强烈，自然在与朋友的交往中表现得更积极，得到的回应也更多，朋友也就更多，对友谊也就更满意；二是有的独生子女可能习惯了独处的生活，对友谊的需求较低，只要有一两个朋友，便觉得相当满意了。本研究结果与冯盼（2016）的研究结果不一致[103]，她研究结果表明独生子女和非独生子女的生活满意度没有显著差异。这可能与取样群体及取样数量不同有关。

在父亲文化程度上，除学校满意度外，在友谊、学业、家庭、环境、自由满意度及总体生活满意度上均存在父亲文化程度上的显著差异，并且总体上表现为父亲文化程度越高，满意度得分越高的态势。而在母亲文化程度上，只有友谊满意度和学业满意度两个维度的得分存在显著差异，且文化程度越高满意度得分越高。这说明父亲的文化程度比母亲的文化程度对孩子生活满意度的影响更广泛。父母是孩子的第一任教师，父母文化程度越高，就越能在友谊、学业、家庭等各方面发挥榜样示范作用，使孩子在这些方面得到的熏陶和教化更多。

在家庭经济条件上，生活满意度及其各维度得分均表现出随着经济条件变好而变高的态势。说明家庭经济条件对生活满意度存在一定影响。经济条件是满足物质需要的一个前提。经济条件好的家庭，能更好地满足学生学习、生活上的需求，也更有条件与他人交流、交往，也更能感受到生活、学习的自由。家庭条件较差的学生，会更多考虑生活的不易与艰辛，他们有的还会通过兼职、求助等方式解决费用不足的问题。因此，生活满意度会相对较低。

3. 生活满意度在学校因素上的差异分析

生活满意度及其各维度在专业学习条件、校园环境、住宿条件和饮食条件上均存在显著差异，并且总体表现学校是条件越好，大学生的满意度越高。专业学习条件、校园环境、住宿条件和饮食条件等是构成学生学习生活的基本物质及环境要素，这些因素对生活满意度起着决定性、基础性的作用，脱离了基本的物质和环境条件，就谈不上满意度。学习条件和学业、学校满意度有密切关系。学习条件越好，就越能为学生的学习提供便利，能较好满足学生课业学习、自我探索等方面的需要。校园环境与环境满意度、自由满意度的关系较密切。舒适宽敞、风景怡人的美丽校园，给学生带来愉悦的心情。轻松的氛围、必然能够较好满足他们对自由的向往及对美好环境的需要。住宿条件和饮食条件与学生基本需要（生理、安全等）的满足直接相关。生理需要得到较好满足，学生才能更好地追求友谊，满足归属与爱的需要，才能更好地投入学习，满足学业上有所成就的需要等。

第八章 贵州新建本科院校大学生专业认同与学习动机的关系

第一节 专业认同与学习动机的关系检验

一、专业认同与学习动机的相关性

为了探讨贵州省新建本科院校大学生专业认同与学习动机的关系，本研究采用皮尔逊相关分析方法对专业认同及其各维度与学习动机及其各维度的关系进行检验，结果如表 8-1 所示。

表 8-1 贵州省新建本科院校学生专业认同与学习动机的相关分析

	认知性	情感性	行为性	适切性	专业认同
学习知识	0.422***	0.458***	0.424***	0.334***	0.496***
获得成就	0.362***	0.381***	0.379***	0.333***	0.435***
体验刺激	0.380***	0.388***	0.362***	0.309***	0.432***
认同调节	0.392***	0.395***	0.355***	0.230***	0.418***
内摄调节	0.301***	0.225***	0.274***	0.309***	0.319***
外部调节	0.278***	0.230***	0.175***	0.102**	0.237***
内部动机	0.427***	0.449***	0.426***	0.356***	0.499***
外部动机	0.399***	0.351***	0.331***	0.261***	0.400***
无动机	-0.119***	-0.204***	-0.143***	-0.071*	-0.173***
自主性指数	0.335***	0.413***	0.367***	0.269***	0.424***

表 8-1 说明：无动机与专业认同及其各维度存在显著的负相关关系，除此之外，学习动机各维度、内部动机、外部动机和动机指数与专业认同及其各维度均存在显著正相关关系。

二、专业认同对自我决定学习动机的预测分析

1. 专业认同对内部动机的预测分析

为了进一步探讨贵州省新建本科院校大学生专业认同与内部动机的关系，本研究分别以专业认同及其各维度为自变量（预测变量）、内部动机为因变量进行线性回归分析，分析结果如表 8-2 所示。

表 8-2　贵州省新建本科院校大学生专业认同对内部动机的预测分析

因变量	自变量	R^2	ΔR^2	F	β	T
内部动机	专业认同	0.249	0.248	301.05***	0.499	17.35***
	情感性	0.257	0.254	104.372***	0.220	5.408***
	认知性				0.204	5.520***
	行为性				0.166	4.163***

注：*$P<0.05$；**$P<0.01$；***$P<0.001$；下同。

表 8-2 说明：大学生专业认同与内部动机的回归方程线性关系极其显著（$F=301.05$，$p<0.001$），标准回归系数为 0.499，专业认同与内部动机回归方程的系数极其显著（$T=17.35$，$P<0.001$），专业认同能正向预测内部学习动机，其解释量为 24.8%。由此可见，专业认同可以作为内部动机的预测指标，即专业认同越高，内部动机水平越强。此外，从专业认同的维度来看，情感性认同、认知性认同、行为性认同与内部动机的回归方程的线性关系极其显著（$F=104.372$，$P<0.001$），三者与内部动机回归方程的系数的关系亦极其显著，均能正向预测内部学习动机，其解释量为 25.4%。

2. 专业认同对外部动机的预测分析

为了进一步探讨贵州省新建本科院校大学生专业认同与外部动机的关系，本研究分别以专业认同及其各维度为自变量，外部动机为因变量，进行线性回归分析，分析结果如表 8-3 所示。

表 8-3 贵州省新建本科院校大学生专业认同对外部动机的预测分析

因变量	自变量	R^2	ΔR^2	F	β	T
外部动机	专业认同	0.160	0.159	173.65***	0.400	13.18***
	认知性				0.270	6.971***
	情感性	0.184	0.181	68.228***	0.132	3.100**
	行为性				0.091	2.187*

表 8-3 说明：大学生专业认同与外部动机的回归方程线性关系极其显著（F=173.65，P<0.001），标准回归系数为 0.400，专业认同与外部动机回归方程的系数极其显著（T=13.18，P<0.001），专业认同能正向预测外部学习动机，其解释量为 15.9%。可见，专业认同可以作为外部动机的预测指标，即专业认同越高，外部动机水平越强。此外，从专业认同的维度来看，情感性认同、认知性认同、行为性认同与外部动机的回归方程的线性关系极其显著（F=68.228，P<0.001），三者与外部动机回归方程的系数亦极其显著，均能正向预测外部学习动机，其解释量为 18.1%。

3. 专业认同对无动机的预测分析

为了进一步探讨贵州省新建本科院校大学生专业认同与无动机的关系，本研究分别以专业认同及其各维度为自变量，无动机为因变量，进行线性回归分析，分析结果如表 8-4 所示。

表 8-4 说明：大学生专业认同与无动机的回归方程线性关系极其显著（F=27.93，P<0.001），标准回归系数为-0.173，专业认同与无动机回归方程的系数的关系极其显著（T=-5.29，P<0.001），专业认同能负向预

测无动机，其解释量为 2.9%。可见，专业认同可以作为无动机的预测指标，即专业认同越高，无动机水平越低。此外，从专业认同的维度来看，情感性认同、适切性认同与无动机的回归方程的线性关系极其显著（$F=22.303$，$P<0.001$），二者与无动机回归方程的系数亦显著，情感性认同负向预测无动机，适切性认同正向预测无动机，二者能够解释无动机 4.5%的变异。

表 8-4 贵州省新建本科院校大学生专业认同对无动机的预测分析

因变量	自变量	R^2	ΔR^2	F	β	T
无动机	专业认同	0.030	0.029	27.93***	-0.173	-5.29***
	情感性	0.047	0.045	22.303***	-0.261	-6.305***
	适切性				0.092	2.209*

4. 专业认同对动机指数的预测分析

为进一步探讨贵州省新建本科院校大学生专业认同与动机指数的关系，分别以专业认同及其各维度为自变量，动机指数为因变量，进行线性回归分析，分析结果如表 8-5 所示。

表 8-5 贵州省新建本科院校大学生专业认同对动机指数的预测分析

因变量	自变量	R^2	ΔR^2	F	β	T
动机指数	专业认同	0.180	0.179	199.068***	0.424	14.109***
	认知性	0.193	0.190	72.194***	0.105	2.722**
	情感性				0.264	6.218***
	行为性				0.133	3.205**

表 8-5 说明：大学生专业认同与动机指数的回归方程线性关系极其显著（$F=199.068$，$P<0.001$），标准回归系数为 0.424，专业认同与动机指数回归方程的系数极其显著（$T=14.109$，$P<0.001$），专业认同能正向预测动机指数，其解释量为 17.9%。可见，专业认同可以作为动机指数

的预测指标，即专业认同越高，学习的自主性越高。此外，从专业认同的维度来看，认知性认同、情感性认同、行为性认同与动机指数的回归方程的线性关系极其显著（$F=72.194$，$P<0.001$），三者与动机指数回归方程的系数亦显著，均能正向预测动机指数，三者能够解释动机指数19.0%的变异。

第二节　专业认同与学习动机的关系分析

本研究结果表明，专业认同及其各维度与学习动机各维度、内部动机、外部动机及动机指数均存在显著正相关，与无动机存在显著负相关。这与赵慧勇等人（2013）[45]、陈翠华（2014）[121]、郭金凤等（2015）[122]以及赵以文等（2016）[48]的研究结果相近。本研究结果说明，新建本科院校大学生越认同自己所学的专业，他们的学习动机就越强，学习的自主性也越强。同时，他们的无动机也就越弱。其原因可能是学生越是了解所学专业的基本情况，对所学专业越是抱有积极肯定的态度，就会有更加清晰的目标以及努力完成学业的动力。如果大学生不认同自己所学的专业，就很有可能出现学习积极性下降，学习动力不足的现象，学习倦怠出现的概率也会大大提高（刘启刚等，2015）[10]。

此外，本研究还发现，专业认同能显著正向预测内部、外部动机和动机指数，能显著负向预测无动机。从维度来看，认知性、情感性、行为性认同均能显著正向预测内部、外部动机及动机指数。这说明专业认同对学习动机存在积极的促进作用。专业认同高意味着学生更易产生对专业的积极认知和专业兴趣，积极的专业认知会加深个体对专业的情感卷入程度和精力投入，情感卷入和精力投入又直接影响学生对该专业的态度及行为表现，个体的态度及行为表现直接反映出个体的学习动机的强弱及倾向性。从解释量和回归系数来看，专业认同对内部动机的解释量（$\Delta R^2=24.8\%$）和回归系数（$\beta=0.499$）均大于对外部动机的解释量

（$\Delta R^2 = 15.9\%$）和回归系数（$\beta = 0.400$）。这在一定程度上可以说明专业认同对内部动机的影响更大。自我决定理论认为，内部动机是由外部动机不断内化而来的。提高专业认同可能会促进外部动机向内部动机转化。

此外，从标准回归系数来看，在不同专业认同维度对动机指数、内部动机、无动机的回归方程中，情感性认同的回归系数最大（β分别是0.264、0.220、-0.261），这说明心理上对所学专业的接受与喜欢、对所学专业抱有的信心与肯定，对增强学生的内生学习动力、减少他们的无动机状态具有比较重要的作用。在不同专业认同维度对外部动机的回归方程中，认知性认同的回归系数最大（$\beta=0.270$），这说明对本专业基本情况的了解，可以较好促进大学生外部动机的生成。另外，值得注意的是，适切性认同对无动机存在正向预测作用，适切性表达了个体与专业的匹配度和个体对专业的胜任度，适切性越高，无动机水平也会升高。表8-2、表8-3与表8-5显示，适切性认同均未能显著预测动机指数、内部动机、外部动机。因此，个体越认为自己能够胜任本专业，越感到学习本专业轻松，可能越没有投入太多的努力，越是表现为动机缺乏。这一推论有待进一步研究证实。

本研究这一结果与陈翠华（2014）的研究结果比较一致，该研究表明专业认同中的行为性和适切性对学习动机具有显著的正向预测作用[121]。但是，另一些研究却表明，学习动机部分维度对专业认同有显著的正向预测作用（李杰等，2014；刘启刚等，2015）。冯桂芳的研究显示，专业认同作为自我认同的一部分，与学习动机有较强的相关性，学习动机越强，自我认同越高[123]。这可能说明专业认同和学习动机两者间不仅存在单方面的影响，还有可能存在相互的影响。专业认同能预测学习动机，学习动机也可能对专业认同造成影响。例如，学习动机强的个体，可能更愿意去了解自己所学的专业，形成对所学专业的情感倾向，以及个体与专业是否"对口""匹配"的体验。当然，这有待进一步研究论证。

第九章 贵州新建本科院校大学生学校归属感与学习动机的关系

第一节 学校归属感与学习动机的关系检验

一、学校归属感与学习动机的相关性

为了探讨贵州省大学生学校归属感与学习动机的关系，本研究采用皮尔逊相关分析方法对学校归属感及其各维度与学习动机及其各维度的关系进行检验，结果如表9-1所示。

表9-1 贵州省新建本科院校大学生学校归属感与学习动机的相关分析

	归属感	抵制感	学校归属感
学习知识	0.489***	-0.149***	0.404***
获得成就	0.417***	-0.050	0.290***
体验刺激	0.423***	-0.126***	0.347***
认同调节	0.397***	-0.116***	0.324***
内摄调节	0.306***	0.149***	0.081*
外部调节	0.233***	0.063	0.097**
内部动机	0.486***	-0.120***	0.381***
外部动机	0.385***	0.035	0.210***
无动机	-0.168***	0.474***	-0.438***
动机指数	0.409***	-0.406**	0.537***

由表 9-1 可知：除了无动机与归属感存在极其显著的负相关外，学习动机各维度、分量表及动机指数与归属感均存在极其显著的正相关；学习知识、体验刺激、认同调节、内部动机及动机指数与抵制感存在极其显著的负相关。内摄调节、无动机与抵制感存在极其显著的正相关；学习知识、获得成就、体验刺激、认同调节、内部动机、外部动机及动机指数与学校归属感存在极其显著的正相关，外部调节、内摄调节与学校归属感存在显著正相关，无动机与学校归属感存在极其显著的负相关。

二、学校归属感对学习动机的预测分析

1. 学校归属感对内部动机的预测分析

为了进一步探讨贵州省新建本科院校大学生学校归属感与内部动机的关系，本研究分别以学校归属感及其各维度为自变量，内部动机为因变量，进行线性回归分析，分析结果如表 9-2 所示。

表 9-2　贵州省新建本科院校大学生学校归属感对内部动机的预测分析

因变量	自变量	R^2	ΔR^2	F	β	T
内部动机	学校归属感	0.145	0.144	154.54***	0.381	12.43***
	归属感	0.236	0.236	281.470***	0.486	16.777***

由表 9-2 可知：大学生学校归属感与内部动机的回归方程线性关系极其显著（F=154.54，P<0.001），标准回归系数为 0.381，学校归属感与内部动机回归方程的系数极其显著（T=12.43，P<0.001），学校归属感能正向预测内部动机，其解释量为 14.4%。可见，学校归属感可以作为内部动机的预测指标，即学校归属感越高，内部动机水平越高。此外，从维度来看，归属感与内部动机的回归方程线性关系极其显著（F=281.470，P<0.001），它与内部动机回归方程的系数亦极其显著，能正向预测内部动机，解释量为 23.6%。

2. 学校归属感对外部动机的预测分析

为了进一步探讨贵州省新建本科院校大学生学校归属感与外部动机的关系，本研究分别以学校归属感及其各维度为自变量，外部动机为因变量，进行线性回归分析，分析结果如表9-3所示。

表 9-3 贵州省新建本科院校大学生学校归属感对外部动机的预测分析

因变量	自变量	R^2	ΔR^2	F	β	T
外部动机	学校归属感	0.044	0.043	41.89***	0.210	6.47***
	归属感	0.148	0.147	157.863***	0.385	12.564***

由表 9-3 可知：大学生学校归属感与外部动机的回归方程线性关系极其显著（$F=41.89$，$P<0.001$），标准回归系数为 0.210，学校归属感与外部动机回归方程的系数极其显著（$T=6.47$，$P<0.001$），学校归属感能正向预测外部动机，其解释量为 4.3%。可见，学校归属感可以作为外部动机的预测指标，即学校归属感越高，外部动机水平越高。此外，从维度来看，归属感与外部动机的回归方程线性关系极其显著（$F=157.863$，$P<0.001$），它与外部动机回归方程的系数亦极其显著，能正向预测外部动机，解释量为 14.7%。

3. 学校归属感对无动机的预测分析

为了进一步探讨贵州省新建本科院校大学生学校归属感与无动机的关系，分别以学校归属感及其各维度为自变量，无动机为因变量，进行线性回归分析，分析结果如表9-4所示。

由表 9-4 可知：大学生学校归属感与无动机的回归方程线性关系极其显著（$F=216.13$，$P<0.001$），标准回归系数为-0.438，并且学校归属感与无动机回归方程系数极其显著（$T=-14.70$，$P<0.001$），学校归属感能负向预测无动机，其解释量为 19.10%。可见，学校归属感可以作为无动机的预测指标，即学校归属感越高，无动机水平越低。此外，从维度来

看，归属感、抵制感与无动机的回归方程线性关系极其显著（$F=139.388$，$P<0.001$）；二者与无动机回归方程的系数亦显著，抵制感能正向预测无动机，归属感能负向预测无动机，二者能解释无动机 23.3%的变异。

表 9-4 贵州省新建本科院校大学生学校归属感对无动机的预测分析

因变量	自变量	R^2	ΔR^2	F	β	t
无动机	学校归属感	0.192	0.191	216.13***	-0.438	-14.70***
	抵制感	0.235	0.233	139.388***	0.460	15.663***
	归属感				-0.100	-3.405**

4. 学校归属感对动机指数的预测分析

为了进一步探讨贵州省新建本科院校大学生学校归属感与动机指数的关系，本研究分别以学校归属感及其各维度为自变量，动机指数为因变量，进行线性回归分析，分析结果如表 9-5 所示。

9-5 贵州省新建本科院校大学生学校归属感对动机指数的预测分析

因变量	自变量	R^2	ΔR^2	F	β	t
动机指数	学校归属感	0.289	0.288	368.839***	0.537	19.205***
	归属感	0.290	0.288	185.280***	0.357	12.632***
	抵制感				-0.353	-12.499***

由表 9-5 可知：大学生学校归属感与动机指数的回归方程线性关系极其显著（$F=368.839$，$P<0.001$），标准回归系数为 0.537，并且学校归属感与动机指数回归方程系数极其显著（$T=19.205$，$P<0.001$），学校归属感能正向预测动机指数，其解释量为 28.80%。可见，学校归属感可以作为动机指数的预测指标，即学校归属感越高，自主性动机水平越高。此外，从维度来看，归属感、抵制感与动机指数的回归方程线性关系极其显著（$F=185.280$，$P<0.001$），二者与动机指数回归方程的系数亦极其显著，抵制感能够负向预测动机指数，归属感能够正向预测动机指数，二者能解释动机指数 28.80%的变异。

第二节　学校归属感与学习动机的关系分析

本研究结果表明，归属感和学校归属感总分与学习知识、获得成就、体验刺激、认同调节、内摄调节、外部调节及内部动机、外部动机、动机指数呈显著正相关。这意味着大学生对学校的归属感越强，他们越能够学习新知、探索世界，克服困难、迎接挑战、超越自我，并在学习中获取更多内在快乐。也越能够在外在规则和要求下，以及吸收乃至接纳这些外在规则和要求的情况下，产生学习的动力，从事学习活动。归属感越强，学习的自主性也越好，即越能促进学生学习动机向内部的自主性动机转化。研究结果还表明，归属感和学校归属感总分与无动机呈现显著负相关。这表明学校归属感越强，学生对学习活动缺乏兴趣的情况就越少，不能意识到自身行为与行为结果之间联系的情况也越少。此外，研究结果还表明，抵制感与学习知识、获得成就、体验刺激、认同调节、内部动机及动机指数呈显著负相关。这说明大学生对学校的抵制与疏离感越强，他们学习动机的自主性就越差，对学习活动越缺乏兴趣。而抵制感和无动机、内摄调节呈显著正相关，恰好也印证了这一事实。

另外，进一步的回归分析发现，贵州省新建本科院校大学生归属感及学校归属感均能显著正向预测内部动机、外部动机及动机指数，均能显著负向预测无动机。这进一步说明了学校归属感在学生学习动机的生成、学习动机向自主性内部动机转化上存在促进作用。而抵制感维度能显著正向预测无动机，显著负向预测动机指数。这表明学生对学校的抵制感、疏离感可能是他们缺乏学习兴趣、主动性差的一个因素。本研究结果与赵联防等人（2012）的研究结果比较相似，他们的研究采用了赵秋丽等人编制的《学习动力评定量表》和包克冰等人修订的《学校归属感问卷》，研究结果表明学校归属感与学习动机呈现正相关[51]。

此外，从解释量和回归系数来看，学校归属感对内部动机的解释量

（ΔR^2=14.4%）和回归系数（β=0.381）均大于对外部动机的解释量（ΔR^2=4.3%）和回归系数（β=0.210）。这在一定程度上可能说明，学校归属感对内部动机的预测作用更大。自我决定理论认为，内部动机是由外部动机不断内化而来的。因此，提高学校归属感可能会促进大学生的外部动机向内部动机转化。学校归属感能显著正向预测动机指数亦说明这种可能性。据此可推断，高度的学校归属感会激发学生对学校的责任心和荣誉感，使学生产生强烈的内部及外部学习动机，同时促进学生的外部动机向内部动机转化，不断强化学生学习的自主性动机，最终均能对学生的学习起到正向助推作用。

总而言之，学校归属感属于学生归属需要的一部分，学校归属感能得到较好满足的话，学生爱和归属的需要亦得到一定程度的满足。需要层次理论认为，如果个体低层次的需要得到较好满足，那么他就会寻求更高一级的需要（比如求知，自我实现的需要等）的满足。学习是满足求知需要的行为，而学习动机则是推动学习的动力。在归属需要得到较好满足之后，无动机水平会降低，而内部和外部学习动力都会得到加强，推动个体去探索未知，去不断实现自我的价值。此外，自我决定论研究者还从促进内在动机和心理健康的社会环境入手，鉴别出三种人类最基本的心理需求：胜任需求、归属需求、自主需求。根据瑞安（Ryan）等人（2000）的学校动机模型，只有当社会情境满足人们的基本心理需求对，他们才会在学习活动中全力以赴。本研究仅仅关注了个体的学校归属感，研究结果支持了自我决定论者的观点。

第十章 贵州新建本科院校大学生生活满意度与学习动机的关系

第一节 生活满意度与学习动机的关系检验

一、生活满意度与学习动机的相关性

为了探讨贵州省新建本科院校大学生生活满意度与学习动机的关系，本研究采用皮尔逊相关分析方法对生活满意度及其各维度与学习动机及其各维度的关系进行检验，结果如表10-1所示。

表10-1 贵州省新建本科院校大学生生活满意度与学习动机的相关性

	学校满意度	友谊满意度	学业满意度	家庭满意度	环境满意度	自由满意度	生活满意度
学习知识	0.427***	0.453***	0.310***	0.398***	0.342***	0.452***	0.531***
获得成就	0.354***	0.367***	0.342***	0.309***	0.250***	0.401***	0.452***
体验刺激	0.373***	0.394***	0.315***	0.347***	0.276***	0.372***	0.465***
认同调节	0.315***	0.387***	0.167***	0.388***	0.321***	0.381***	0.436***
内摄调节	0.168***	0.306***	0.369***	0.181***	0.044	0.253***	0.304***
外部调节	0.108**	0.253***	0.062	0.230***	0.120***	0.203***	0.221***
内部动机	0.422***	0.445***	0.353***	0.386***	0.318***	0.448***	0.530***

续表

	学校满意度	友谊满意度	学业满意度	家庭满意度	环境满意度	自由满意度	生活满意度
外部动机	0.245***	0.389***	0.243***	0.330***	0.203***	0.345***	0.396***
无动机	-0.360***	-0.122***	0.003	-0.196***	-0.373***	-0.126***	-0.250***
自主性指数	0.505***	0.351***	0.215***	0.373***	0.457***	0.368***	0.498***

表 10-1 表明：在学习动机的各维度上，除内摄调节得分与环境满意度得分、外部调节得分与学业满意度得分不存在显著相关外，其他各维度得分与生活满意度总分及其各维度得分均存在显著正相关。在学习动机分量表上，内部动机、外部动机得分及动机指数与生活满意度总分及其各维度得分均存在显著正相关；无动机得分与学业满意度不存在显著相关，与其余各维度得分及生活满意度总分存在显著负相关。

二、生活满意度对学习动机的预测分析

1. 生活满意度对内部动机的预测分析

为了进一步探讨贵州省新建本科院校大学生生活满意度与内部动机的关系，本研究分别以生活满意度及其各维度为自变量，内部动机为因变量，进行线性回归分析，分析结果如表 10-2 所示。

表 10-2　贵州省新建本科院校大学生生活满意度对内部动机的预测分析

因变量	自变量	R^2	ΔR^2	F	β	T
内部动机	生活满意度	0.281	0.280	355.151***	0.530	18.845***
	自由满意度				0.186	4.874***
	学校满意度				0.183	5.245***
	友谊满意度	0.291	0.287	74.275***	0.115	2.724**
	家庭满意度				0.132	3.694***
	学业满意度				0.081	2.309*

表 10-2 说明：大学生生活满意度与内部动机的回归方程线性关系极其显著（$F=355.151$，$P<0.001$），标准回归系数为 0.530，生活满意度与内部动机回归方程的系数极其显著（$T=18.845$，$P<0.001$），生活满意度能正向预测内部动机，其解释量为 28.00%。可见，生活满意度可以作为内部动机的预测指标，即生活满意度越高，内部动机水平越高。此外，从维度上看，自由满意度、学校满意度、友谊满意度、家庭满意度与学业满意度与内部动机的回归方程线性关系极其显著（$F=74.275$，$P<0.001$），且这五个维度与内部动机回归方程的系数显著，均能正向预测内部动机，共同解释其 28.70%的变异。

2. 生活满意度对外部动机的预测分析

为了进一步探讨贵州省新建本科院校大学生生活满意度与外部动机的关系，本研究分别以生活满意度及其各维度为自变量，外部动机为因变量，进行线性回归分析，分析结果如表 10-3 所示。

表 10-3　贵州省新建本科院校大学生生活满意度对外部动机的预测分析

因变量	自变量	R^2	ΔR^2	F	β	T
外部动机	生活满意度	0.157	0.156	168.949***	0.396	12.998***
	友谊满意度				0.224	5.309***
	自由满意度	0.179	0.176	65.986***	0.144	3.701***
	家庭满意度				0.129	3.390**

表 10-3 说明：大学生生活满意度与外部动机的回归方程线性关系极其显著（$F=168.949$，$P<0.001$），标准回归系数为 0.396，生活满意度与外部动机回归方程的系数极其显著（$T=12.998$，$P<0.001$），生活满意度能正向预测外部动机，其解释量为 15.60%。可见，生活满意度可以作为外部动机的预测指标，即生活满意度越高，外部动机水平越高。此外，从维度上看，自由满意度、友谊满意度、家庭满意度与外部动机的回归方程线性关系极其显著（$F=65.986$，$P<0.001$），且这三个维度与外

部动机回归方程的系数显著,均能正向预测外部动机,共同解释其 17.60%的变异。

3. 生活满意度对无动机的预测分析

为了进一步探讨贵州省新建本科院校大学生生活满意度与无动机的关系,本研究分别以生活满意度和除学业满意度外其他各维度为自变量,无动机为因变量,进行线性回归分析,分析结果如表10-4所示。

表10-4 贵州省新建本科院校大学生生活满意度对无动机的预测分析

因变量	自变量	R^2	ΔR^2	F	β	T
无动机	生活满意度	0.063	0.061	60.612***	-0.250	-7.785***
	学校满意度	0.159	0.157	85.681***	-0.195	-4.610***
	环境满意度				-0.238	-5.625***

表10-4说明:大学生生活满意度与无动机的回归方程线性关系极其显著(F=60.612,P<0.001),标准回归系数为-0.250,生活满意度与无动机回归方程的系数极其显著(T=-7.785,P<0.001),生活满意度能负向预测无动机,其解释量为6.10%。可见,生活满意度可以作为无动机的预测指标,即生活满意度越高,无动机水平越低。此外,从维度上看,学校满意度、环境满意度与无动机的回归方程线性关系极其显著(F=85.681,P<0.001),且这两个维度与无动机回归方程的系数亦显著,二者均负向预测无动机,共同解释其15.70%的变异。

4. 生活满意度对动机指数的预测分析

为了进一步探讨贵州省新建本科院校大学生生活满意度与动机指数的关系,分别以生活满意度及其各维度为自变量,动机指数为因变量,进行线性回归分析,分析结果如表10-5所示。

表 10-5 贵州省新建本科院校大学生生活满意度对动机指数的预测分析

因变量	自变量	R^2	ΔR^2	F	β	T
动机指数	生活满意度	0.248	0.247	299.209***	0.498	17.298***
	学校满意度				0.304	7.588***
	家庭满意度	0.306	0.303	99.765***	0.146	4.406***
	环境满意度				0.145	3.655***
	自由满意度				0.087	2.554*

表 10-5 说明，大学生生活满意度与动机指数的回归方程线性关系极其显著（F=299.209，P<0.001），标准回归系数为 0.498，生活满意度与动机指数回归方程的系数极其显著（T=17.298，P<0.001），生活满意度能正向预测动机指数，其解释量为 24.70%。可见，生活满意度可以作为动机指数的预测指标，即生活满意度越高，自主性动机水平越高。此外，从维度上看，学校满意度、家庭满意度、环境满意度、自由满意度与动机指数的回归方程线性关系极其显著（F=99.765，P<0.001），且这四个维度与动机指数回归方程的系数亦显著，均正向预测动机指数，共同解释其 30.30%的变异。

第二节 生活满意度与学习动机的关系分析

本研究结果显示，学校满意度、友谊满意度、家庭满意度、自由满意度与学习动机各维度（除无动机）及内、外部动机、动机指数等呈显著正相关。这说明新建本科院校大学生对自己的学校越满意，与朋友、同伴的关系越好，与父母相处越融洽、越能感受到家庭的温暖以及越能够自主自由地做出选择和行为处事，他们就越能追求知识，探索未知，挑战自我，按照规则和要求行事，努力获取成功，享受学习本身带来的乐趣等，学习的主动性也越高。研究还显示，学业满意度得分除与外部调节、无动机得分没有显著相关外，与学习动机其他维度分和量表分均呈显著正相关。环境满意度除与内摄调节不存在显著相关外，与学习动机其他维度（无动机除外）及内部动机、外部动机、动机指数均呈显著正相关。这说明大学生对自己的学业和所处环境越满意，越能学习知识、追求成功，体验学习的乐趣，学习的自主性亦越高。总体上，大学生生活满意度与学习动机各维度（无动机除外）及内部动机、外部动机、动机指数存在显著正相关，与无动机存在显著负相关。这说明生活满意度越高，学习的动力越强，对学习无兴趣、无目的情况就越少。

进一步的回归分析表明，生活满意度能正向预测内部、外部动机和动机指数。这说明生活满意度高，学生的学习动机变强，学习的自主性亦增强。从维度层面来看，自由满意度、学校满意度、友谊满意度、家庭满意度、学业满意度均能正向预测内部动机。环境满意度不能进入到内部动机的回归方程中，说明生活所在地的社会治安、风气等对大学生内部动机的影响不大。这可能与被试的选取有一定关系，本研究只选取了大一至大三的大学生，他们主要的生活范围还在学校，对学校生活的满意程度、与同学的友谊、与父母的关系、感受到的自由与自主的气氛、在学业上的成就感与满足感等与他们的内在学习动机息息相关。此外，虽然大学生与社会的接触在逐渐增多，但其主要生活环境还是校园。况且我国近些年来的治安状况良好，社会稳定。因此，环境满意度并未对内部动机带来显著影响。

回归分析还表明，友谊满意度、自由满意度、家庭满意度能正向预测外部动机。学业满意度、学校满意度、环境满意度没能进入到外部动机的回归方程中。这说明同伴、父母以及是否能自由做出选择和行为处事等，可能是学生外部动机的影响因素，而在学业上的成就、满意感以及对学校、环境的满意情况等可能并不能影响其外部动机的生成。学校满意度、环境满意度能显著负向预测无动机，友谊满意度、自由满意度、家庭满意度、学业满意度没能进入到无动机的回归方程中。这说明学生对学校及其生活所处的社会环境越满意，他们无学习动力、无学习目的、无学习兴趣的情况会减少。可见，社会治安等环境因素可能并不直接影响学生内、外部动机的生成，但是会减少无动机的情况。此外，学校满意度、家庭满意度、环境满意度、自由满意度均可显著正向预测动机指数，友谊满意度、学业满意度没能进入到动机指数的回归方程中。这表明，个体对学校、家庭的满意程度以及个体感受到的自由气氛确实是影响个体自主性的因素。而此处环境满意度也进入了回归方程，与之前该维度未能进入内部动机的回归方程形成对比。内部动机亦反映了个体动机的内在自主性方面，这可能与动机指数的计算有关。动机指数的计算公式中，内摄调节并未纳入计算。这可能是造成结果看似矛盾的主因，也可能表明环境满意度并非影响内在自主性动机的稳定因素。

此外，从进入回归方程的维度数目来看，生活满意度中 5 个维度能够正向预测内部动机，3 个维度能够正向预测外部动机，2 个维度能负向预测无动机，4 个维度能正向预测动机指数。从解释率及回归系数来看，生活满意度对内部动机解释率（$\Delta R^2=28.00\%$）和回归系数（$\beta=0.53$）最高，动机指数次之（$\Delta R^2=24.70\%$，$\beta=0.498$），外部动机再次（$\Delta R^2=15.60\%$，$\beta=0.396$），无动机最后（$\Delta R^2=6.10\%$，$\beta=-0.25$）。这一定程度上可能说明，生活满意度对内部动机的影响更大。自我决定理论认为，内部动机是由外部动机不断内化而来的。那么，提高生活满意度既可能提高内、外动机水平，又可能会促进外部动机向内部动机转化，从而增强动机的自主性。

此外，周广亚（2011）的研究表明学习动机对生活满意度具有显著的预测作用[49]，这说明学习动机与生活满意度是相互制约、相互影响的关系，并不是单方面的作用。一方面，生活满意度高的个体，更可能追求更高层次需要的满足，有更强烈的追求自我实现的学习愿望和学习兴趣，另一方面，学习动机比较强的个体，可能对生活更满怀热情，满怀期待，他们的生活满意度也较高。

第十一章 贵州新建本科院校大学生专业认同对学习动机的影响——学校归属感、生活满意度的中介作用

本研究结果表明，专业认同、学校归属感、生活满意度与学习动机均存在显著的相关关系。过去的研究还发现，专业认同与学校归属感存在显著相关，且学校归属感在专业认同对学习投入的影响中起到部分中介作用（张萌、李若兰，2018）[68]。学校归属感既可以直接影响大学生的生活满意度，也可以通过人际关系困扰的中介作用、自尊的中介作用、人际关系困扰和自尊的链式中介作用等间接影响大学生的生活满意度（吴倩等，2018）[124]。另外，还有研究表明，专业认同和职业决策困难均显著影响个体的生活满意度（程化琴、庄明科、刘琉、郝晓玲，2014）[78]。那么，专业认同与学校归属感、生活满意度、学习动机均有显著相关性，而学校归属感与生活满意度亦存在显著相关，且二者与学习动机均显著相关。综上所述，本研究认为，对于大学生而言，从接到录取通知书的时候开始，他们对自己所学专业就有所了解、抱有期待。他们入学之后，将花更多时间在专业学习上，他们是否喜欢和认同自己所学专业对学习的积极性有较大影响。同时，如果他们很认可自己的专业，在情感、认知、行动等方面都能积极接纳所学的专业，他们会将此心态迁移到对周围学习环境的积极认知上，他们可能会更加认可自己在学校中的角色与地位，产生强烈的安全感与责任感，以归属于该学校为荣（张萌、李若兰，2018）[68]。学校归属的需要包含于爱与归属的需要之中，属于人类基本需要。如果这一需要得到较好满足，必然会增加大学生的对生活的

满意程度，进而会激发他们寻求更高层次需要（如求知、自我实现等需要）的满足，助力学习动机的生成。因此，本研究假设：贵州新建本科院校大学生专业认同能够直接预测学习动机，还能够通过学校归属感、生活满意度间接影响到学习动机。

第一节 学校归属感、生活满意度在专业认同与学习动机之间的链式中介作用检验

一、专业认同、学校归属感、生活满意度与学习动机间的相关性

使用皮尔逊相关法对内部动机、外部动机、无动机、动机指数与专业认同、学校归属感、生活满意度之间的关系进行分析，分析结果见表11-1。

表11-1 专业认同、学校归属感、生活满意度与学习动机的相关分析

	专业认同	学校归属感	生活满意度	内部动机	外部动机	无动机	动机指数
专业认同	1						
学校归属感	0.492***	1					
生活满意度	0.583***	0.619***	1				
内部动机	0.499***	0.469***	0.530***	1			
外部动机	0.400***	0.321***	0.396***	0.706***	1		
无动机	-0.173***	-0.330***	-0.250***	-0.182***	0.010	1	
动机指数	0.424***	0.513***	0.498***	0.717***	0.375***	-0.786***	1

由此表可知，专业认同、学校归属感和生活满意度两两之间呈显著正相关。专业认同、学校归属感和生活满意度与无动机均呈显著负相关，与内部动机、外部动机及动机指数均呈显著正相关。

二、学校归属感、生活满意度在专业认同与内部动机之间的链式中介作用检验

本研究采用结构方程模型对专业认同与学习动机间的直接效应和中介效应进行检验。从自我决定理论出发，结合本问卷的内容，分别考察专业认同与内部动机、外部动机、无动机及动机指数间的直接效应和中介效应。检验结果表明，学校归属感、生活满意度在专业认同与外部动机、无动机之间的链式中介作用不显著，而学校归属感、生活满意度在专业认同与内部动机、动机指数之间的链式中介作用显著。

具体检验步骤如下：构建专业认同、学校归属感与生活满意度为内生显变量以及内部动机为内生潜变量的结构方程模型。由于学校归属感中的抵制感因子采用的是反向计分方式，故未对其进行分析。采用项目打包技术，将学校归属感分为四个维度：归属感1、归属感2、归属感3、归属感4。构想的四个变量间的关系模型见图11-1。

本研究使用Amos21.0进行结构方程模型检验，该模型链式中介语法如下：（注：运行该结构方程模型时，进行了Bootstrap1000次重复抽样）

```
DistalIE=a*b*c            '链式中介
AIE=a*d                   '学校归属感特定中介
BIE=g*c                   '生活满意度特定中介
TIE=a*b*c+a*d+g*c         '总间接效果
DE=f                      '直接效果
TE=DE+TIE                 '总效果
Aratio=AIE/TE
Bratio=BIE/TE
disratio=DistalIE/TE
Arat=AIE/TIE
```

第十一章 贵州新建本科院校大学生专业认同对学习动机的影响

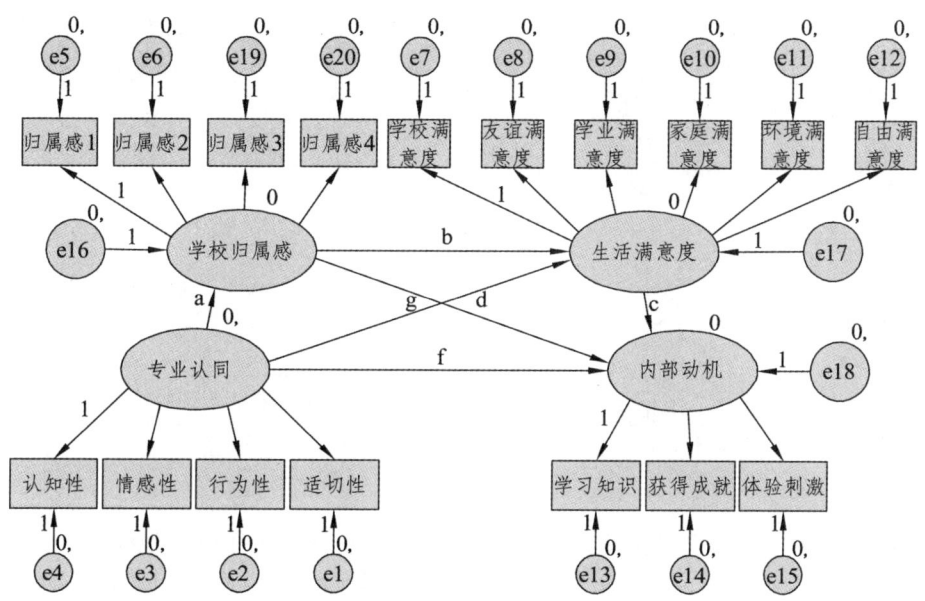

图 11-1 学校归属感、生活满意度在专业认同与内部动机之间的链式中介作用构想模型

该结构方程模型检验结果表明,各拟合指数为 $\chi^2/df=8.534$,NFI=0.890,CFI=0.901,RMSEA=0.091,说明该模型拟合程度较好。具体模型图见图 11-2。专业认同可以正向预测学校归属感($\beta=0.58$,$P<0.01$)、内部动机($\beta=0.24$,$P<0.01$)与生活满意度($\beta=0.22$,$P<0.01$);学校归属感可以显著正向预测生活满意度($\beta=0.48$,$P<0.01$)与内部动机($\beta=0.39$,$P<0.01$);生活满意度可以显著正向预测内部动机($\beta=0.30$,$P<0.01$)。

各变量的具体中介作用情况见表 11-2。

由表 11-2 可知,学校归属感和生活满意度在专业认同对内部动机作用中的简单中介效应均显著。学校归属感和生活满意度在专业认同对内部动机作用中的链式中介效应也成立。

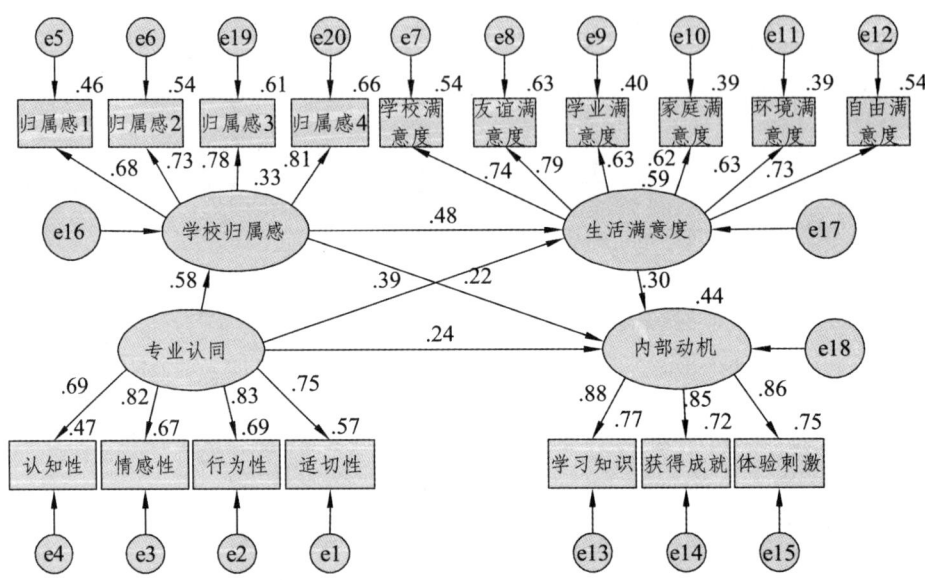

图 11-2 学校归属感、生活满意度在专业认同与内部动机之间的
链式中介作用模型

（注：该结构方程模型中，利用项目打包技术，将学校归属感分为四个维度：归属感1、归属感2、归属感3、归属感4）

表 11-2 学校归属感、生活满意度在专业认同与内部动机间的
中介作用分析表

中介路径	点估计值	Bootstrap 95%置信区间 偏误修正百分位法		
		下限	上限	P
专业认同→学校归属感→内部动机	0.273	0.141	0.432	0.002
专业认同→生活满意度→内部动机	0.252	0.152	0.402	0.001
专业认同→学校归属感→生活满意度→内部动机	0.181	0.101	0.279	0.002
总的间接效果	0.707	0.535	0.901	0.002
直接效果	0.526	0.314	0.744	0.002
总效果	1.233	1.054	1.416	0.002

三、学校归属感、生活满意度在专业认同与动机指数之间的链式中介作用检验

检验步骤与前面相同。建构专业认同、学校归属感、生活满意度与动机指数的构想模型,见图11-3。使用Amos21.0进行结构方程模型检验,该模型链式中介语法与前面相同。

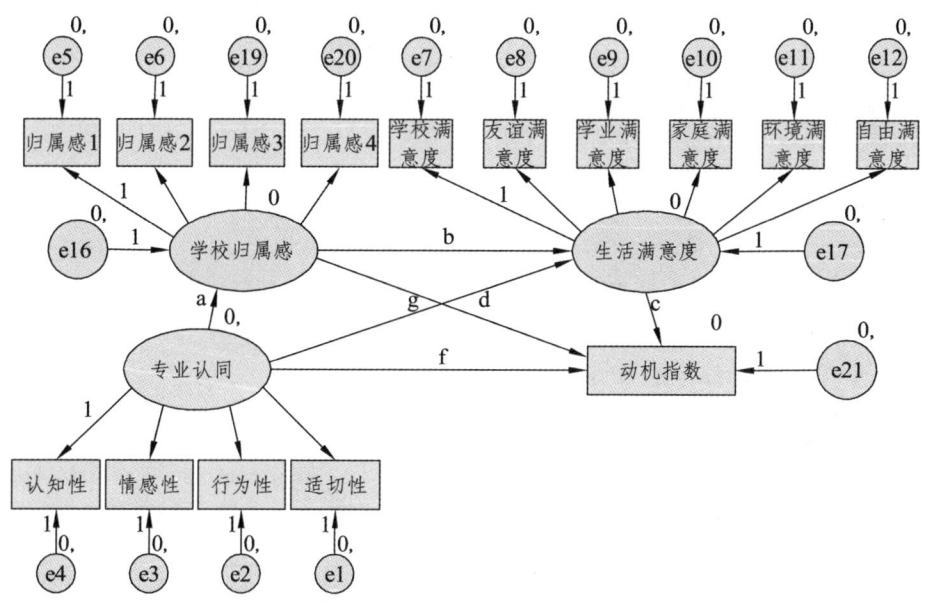

图11-3 学校归属感、生活满意度在专业认同与动机指数之间的链式中介作用构想模型

该结构方程模型检验结果发现,各拟合指数为 $\chi2/df=11.260$,NFI=0.863,CFI=0.873,RMSEA=0.106,表明该模型拟合程度尚可。图11-4 的结果表明:专业认同可以正向预测学校归属感($\beta=0.58$,$P<0.01$)、动机指数($\beta=0.14$,$P<0.05$)与生活满意度($\beta=0.10$,$P<0.05$);学校归属感可以显著正向预测生活满意度($\beta=0.48$,$P<0.01$)与动机指数($\beta=0.38$,$P<0.01$);生活满意度可以显著正向预测动机指数($\beta=0.39$,$P<0.01$)。

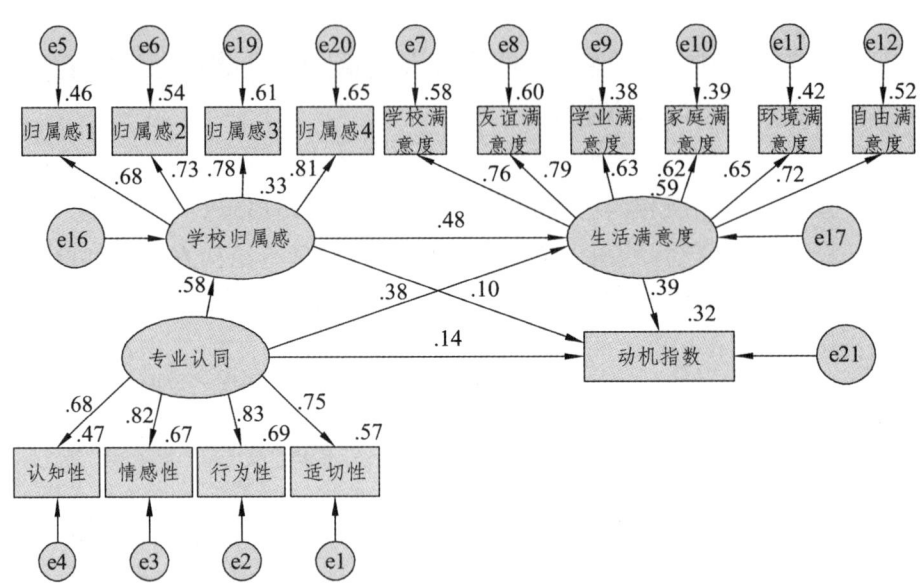

图 11-4　学校归属感、生活满意度在专业认同与动机指数之间的
链式中介作用模型

各变量的具体中介作用情况见表 11-3。

表 11-3　学校归属感、生活满意度在专业认同与动机指数间的中介作用分析表

中介路径	点估计值	Bootstrap 95%置信区间 偏误修正百分位法		
		下限	上限	P
专业认同→学校归属感→动机指数	0.516	-0.030	1.103	0.070
专业认同→生活满意度→动机指数	1.276	0.807	1.875	0.002
专业认同→学校归属感→生活满意度→动机指数	0.932	0.567	1.388	0.002
总的间接效果	2.724	2.019	3.459	0.002
直接效果	1.177	0.325	1.979	0.010
总效果	3.901	3.200	4.540	0.003

由表 11-3 可知，学校归属感、生活满意度在专业认同与动机指数之间的链式中介作用成立；学校归属感在专业认同与动机指数之间的简单中介作用不成立；生活满意度在专业认同与动机指数之间的简单中介作用成立。

第二节 学校归属感、生活满意度在专业认同与学习动机之间的链式中介作用分析

本研究结果说明以下几点。第一，专业认同对内部动机的直接效果显著。这说明新建本科院校大学生越能够做到对本专业有清楚的认识、在情感上对本专业存在积极的接纳、积极主动投入到本专业的学习中，就越能激发他们内部的学习动力。

第二，学校归属感在专业认同与内部动机之间起到显著简单中介作用，这说明新建本科院校大学生对本专业的认同度越高，就越会爱屋及乌，对所在学校亦有好感，能够把学校当成自己的家，归属感和满意感较高，进而也会提升他们对求学的内在兴趣。

第三，生活满意度在专业认同与内部动机之间也起到显著简单中介作用。这说明新建本科院校大学生对本专业的认同度高，会促进他们更加积极主动地投入到学习中去（张萌、李若兰，2018）[68]，学习的满意感和成就感也会比较高，与同伴在学习上的讨论交流也可能比较多，亦能促进同伴间的友谊，进而提高生活满意度。而生活满意度的提升，又能够助推新建本科院校大学生内在学习动力的提升。

第四，学校归属感、生活满意度在专业认同与内部动机之间的链式中介作用亦显著。这正如本章开头部分所述，专业是大学生在大学阶段的重要标识，他们对大学的认识一般始于自己所学专业，对外在世界的探索和认识亦常常从自己的专业角度出发。他们对自身专业的认识、认同，会关乎他们对所在学校是接纳、认可、有归属感的还是不认可而产生抵制感。而他们对学校在情感上的接纳与归属情况，又会影响到他们在校园中学习生活的满意度。按照人本主义的观点，这些低层次需要（如爱和归属需要、基本生活需要）得到较好满足的话，个体才会追求更高层次需要（如求知、审美、自我实现等）的满足。因此，这些因素最终

会作用于个体，成为推动其追求高级需要的内部动力。

　　本研究结果还表明，专业认同对动机指数的直接效果显著，生活满意度在专业认同与动机指数之间存在显著的简单中介作用，而学校归属感在专业认同与动机指数之间起到的中介作用不明显，学校归属感、生活满意度在专业认同与动机指数之间的链式中介作用显著。这一结果与专业认同对内部动机的作用情况类似。不同的是学校归属感在专业认同与动机指数之间不存在显著中介作用。这可能与动机指数的计算公式中未把内摄调节纳入计算有一定关系。总体上，这一结果仍旧表明，新建本科院校大学生的专业认同会影响到他们的自主性学习动机，并且专业认同还会通过学校归属感、生活满意度，间接影响到他们的自我决定学习动机。

　　此外，本研究结果显示，学校归属感、生活满意度在专业认同与外部动机、无动机之间不存在链式中介作用。因此，本章提出的假设仅得到部分验证。这一定程度上可能说明了专业认同、学校归属感、生活满意度等因素对贵州新建本科院校大学生的内部、自主性动机的共同作用明显一些，而对外部动机及无动机可能没有明显的共同作用。

　　本研究结果提示我们，专业认同、学校归属感、生活满意度既可分别直接对新建本科院校大学生的内部动机、自主性动机起作用，同时又可通过他们之间的简单中介和链式中介对内部动机、自主性动机起作用。因此，有必要同时从改善学生专业认同，学校归属感、生活满意度入手，去激发和强化贵州省新建本科院校大学生内部学习动机、自主性动机。

第十二章 学习动机相关因素的补充调查

第一节 研究问题与方法

一、研究问题

自我决定动机理论认为动机有无动机、外部动机及内部动机之分,并强调了内部动机的重要性。从前人的研究可以看出,个体可能同时存在多种不同的动机成分。占优势的动机成分,决定其自我决定性动机的高低。例如,如果内部动机高分所占比例高于外部动机和无动机的高分比例,将意味着个体学习的自主性较好。本书前面的研究显示,在贵州省新建本科院校大学生中,具有较高自主性动机水平的学生所占比例较高(81.11%),高于陈保华(2007)研究中自我决定组的比例(64.9%)[53]。随着时代的发展,社会竞争日益激烈,新建本科院校本身处于相对弱势的境地,学生学习的自主意识增强亦可理解。同时我们也可以看到,随着科技发展,网络和智能手机等的普遍化、大众化,诱惑越来越多,让学生们分心的东西也越来越多,故很多学生的学习状态并不是很好。特别是新建本科院校的大学生,他们的学习基础相对落后,入大学前的成绩相对不够理想,上课玩手机现象也较为普遍。那么,他们的学习动机的自我决定成分真的很高吗?他们的学习动机除了受预先考察的那几个因素（如学习条件、环境、经济水平、归属感、专业认同等）的影响外，还有没有其他可能的影响因素？对此，本研究尝试从学习动机的来源设题，再从学习目标的明确程度、专业学习兴趣、学习效果等方面以及从大学生自己的开放性回答中去寻找影响其学习动机的因素，考察贵州新建本科院校大学生学习动力到底更多来源于内在需要还是外部要求，以呼应前文自我决定组比例较高的问题。

二、研究方法

1. 对象

本研究所选对象为来自贵州省 8 所新建本科院校的 226 名大学生，年龄为 21.07±1.58 岁。男生 51 名，女生 175 名。大学一年级 58 名，大学二年级 64 名，大学三年级 44 名，大学四年级 60 名。

2. 自编问卷

采用自编的《大学生学习情况调查问卷》。此问卷包括 7 个题目，5 个题目为选择题，分别包括学习动机来源、学习动机强度、学习效果、学习目标、专业兴趣等，每一题有七个选项。另外，有 2 个为开放式的问答题，分别要求大学生谈谈自己当初上大学的初衷以及影响自己学习动机的因素。

3. 数据收集与统计方法

在问卷星上设计好调查问卷，主要对本校学生施测，并通过他们向贵州同类学校的同学发放问卷。对于选择题，主要对各题的选项进行百分率的统计。对于开放性的问答题，主要对被试的回答进行分类，并统计关键词的频次，以期找到影响其学习动机的主要因素。

第二节 学习动机及其关联变量的描述性分析

一、学习动机来源分析

对 226 名贵州新建本科院校大学生在不同动机来源上的人数比例进行统计,结果见图 12-1。

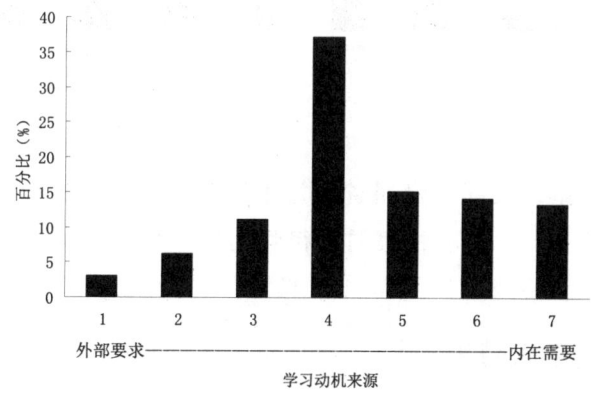

图 12-1 不同学习动机来源下的人数比例

由图 12-1 可知,大部分学生的学习动机是来自内外部因素的共同作用,且偏向于内在需要引发的。此题平均分为 4.5,与前文中内部动机的平均分 4.53 分差别不大(两个研究均采用七点计分方式)。4 分及以上的学生占比为 79.65%,5 分及以上的学生占比为 42.48%。这说明多数学生学习的自主性较高。但这个比例比前文中动机指数≥0 的人数比例低。值得注意的是,有 37.17%的同学得分是 4,意味着三分之一的同学认为自己的学习动机是内在需要和外在压力两种条件相互作用的结果,且这两者的力量相当。

二、学习动机强度分析

对 226 名贵州新建本科院校大学生在不同动机强度上所占的人数比

例进行统计，结果见图12-2。

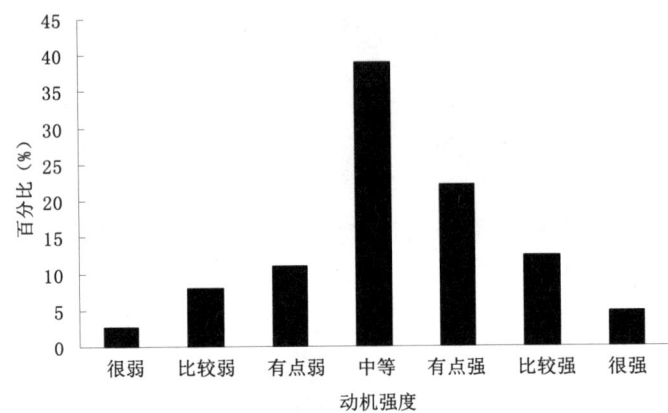

图 12-2　不同动机强度下的人数比率

由此图可知，大部分贵州省新建本科院校大学生的学习动机强度处于中等偏上水平，学习动机很弱和很强的人数均比较少。

三、学习效果分析

对 226 名贵州新建本科院校大学生在不同学习效果上所占的人数比例进行统计，结果见图12-3。

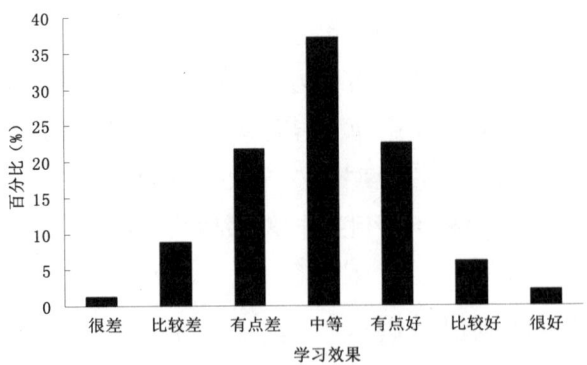

图 12-3　不同学习效果下的人数比率

第十二章 学习动机相关因素的补充调查

由此图可知,大部分同学自认为的学习效果处于有点差到有点好之间,自认为学习效果很差和很好的很少。总体而言,学习效果处于中等水平的学生占大部分。

四、专业学习兴趣分析

对 226 名贵州新建本科院校大学生在不同的专业学习兴趣上所占的人数比例进行统计,结果见图 12-4。

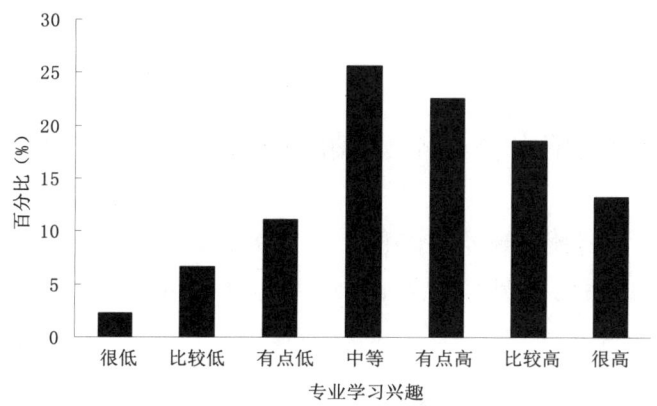

图 12-4 不同的专业学习兴趣下的人数比率

由此图可知道,多数人的专业学习兴趣处于中等偏上水平。这说明贵州省新建本科院校大学生对本专业的学习兴趣比较高。

五、学习目标分析

对 226 名贵州新建本科院校大学生在不同学习目标上所占的人数比例进行统计,结果见图 12-5。

由此图可知,贵州省新建本科院校大学生学习目标在有点明确及以上的占比较多(具体为 49.58%),学习目标在有点模糊及以下的占比较少(具体为 29.20%)。

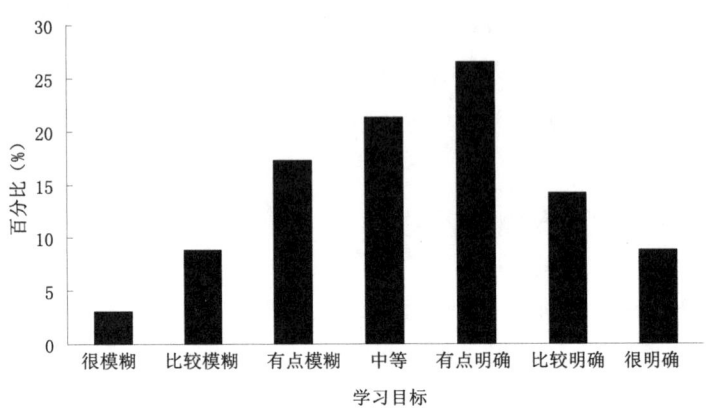

图 12-5　不同学习目标下的人数比率

六、现实中的大学与自己预期的符合度

对 226 名贵州新建本科院校大学生在现实中的大学与自己预期的不同符合度上所占的比例进行统计,结果见图 12-6。

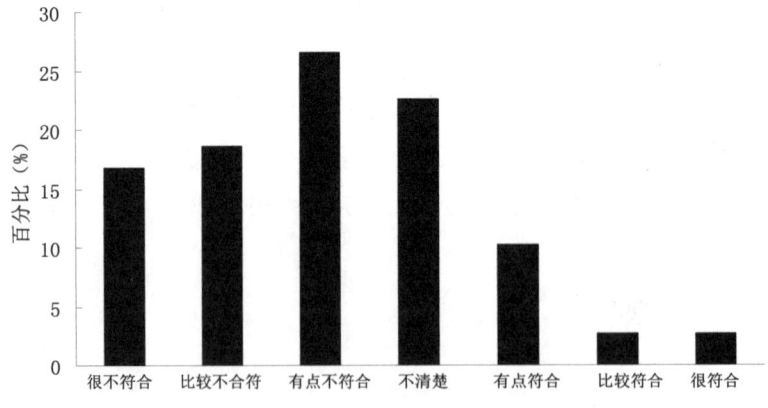

图 12-6　不同符合度下的人数比率

由此图可知,大部分贵州省新建本科院校大学生认为现实中的大学与自己的预期的符合度不高,尚存在较多的差距。

七、讨论与启示

本章采用自编的问卷对贵州新建本科院校大学生学习动机来源及其可能的相关变量进行了简单的测量。研究结果显示，有42.48%的贵州省新建本科院校大学生的动机来源偏向于内在需要，这说明近一半的学生学习的内部动机较强，与之前使用《大学生学习动机量表》测定显示的自我决定学习动机占比八成的结果有较大差距。造成差距的原因一方面可能与样本量不同有关，一方面可能与问卷内容和计算标准不一致有关。本章中取样数量、样本来源均少于第三至第十一章研究中的数量。此外，本章只根据被试在一个项目上的答题情况，统计得分在4分及以上的被试的占比来反映内部动机状况。而第四章是根据被试在多个项目上的答题情况，通过特定公式计算出被试的自我决定动机水平。不过，综合两个研究结果，我们可以得出结论：大多数学生的学习动机并不是完全基于内在需要的，拥有自我决定学习动机的学生不会太多。当然，将来还需要进一步完善研究工具，对该问题做深入探讨。

此外，贵州新建本科院校大学生的学习动机和学习兴趣的强度处于中上水平，而学习效果处于中等水平。这在一定程度上表明，并非学习动机、学习兴趣有多高，学习效果就有多高。这其中可能还存在其他诸如学习氛围、执行力、意志力等因素的影响。最后，贵州新建本科院校大学生认为所读大学与自己的预期有较多差距，这也许是大部分贵州新建本科院校学生存在的问题。这可能与贵州省新建院校自身的本科办学年限较短，办学条件偏差，办学水平还不够高有一定关系。相信随着政府投入的持续增加、高层次人才的不断引进、学校管理水平的逐渐提升、校园文化的持续积淀与优化，学生的满意度将来会越来越高。还需要注意的是，虽然贵州新建本科院校大学生认为现实中的大学与预期差异较大，但是他们的学习动机和专业学习兴趣并不是很低，学习目标也还比较明确。这可能说明贵州省新建本科院校大学生存在一种心理补偿机制，即认为自己所读学校不够好，但可以通过加强学习动力、提高专业兴趣、明晰目标来获得一些补偿。如果确实是存在这种心理补偿机制，那么新建本科学校的管理者与教师应该很好地利用这一心理，创造条件，激励学生将这些动力、兴趣落实到具体行动中去，实现良好效果。

第三节　学习动机的影响因素分析

一、学习动机影响因素试析

对新建本科院校大学生在"你认为影响自己学习动机的因素有哪些？"问题上的回答进行整理，主要是统计学生答案中出现的关键词有哪些，并对这些关键词的出现次数进行统计。对"你认为影响自己学习动机的因素有哪些？"的答案进行整理的结果见图12-7。

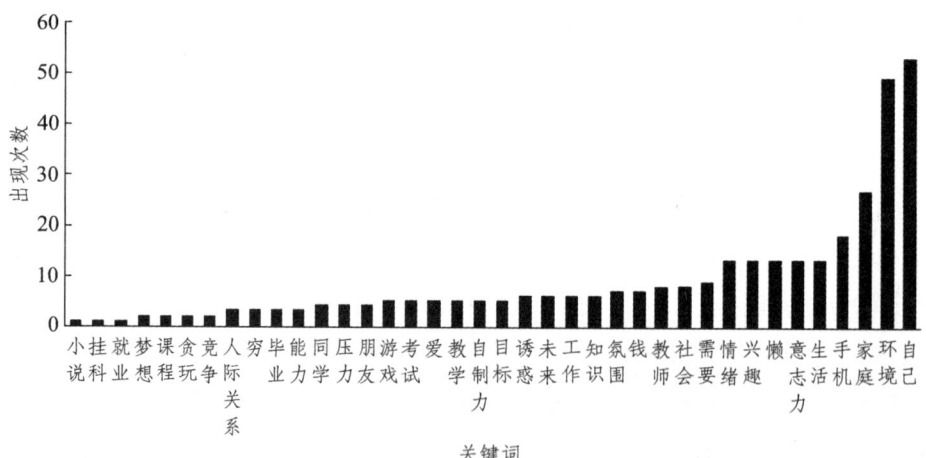

图 12-7　学习动机的影响因素中关键词的出现次数

由此图可知，影响大学生学习动机的因素主要有自身、环境、家庭、手机、生活、意志力等，出现次数较少的关键词是小说、挂科、就业、梦想、课程等。本文将这些关键词归纳为两个方面，一方面是自身因素。它包括意志力、情绪、需要、兴趣、个性、认知水平、自制力、目标、理想、能力、恋爱、贪玩等。另一方面是外部环境因素。它包括家庭因素如父母的期待、要求，经济状况等，学校因素如学校环境、学习氛围、教师、教学、考试、毕业要求、课程、挂科等，社会因素如就业难、竞争大、要求越来越高等，人际关系因素如朋友、舍友的关系，分心物因素如手机、游戏、小说等。从开放性题目中收集到的答案与之前研究结果比较一致，并对之前的结果有所补充。

二、上大学的初衷试析

对新建本科院校大学生在"你当初为何选择上大学？"问题的回答进行整理分析，结果见图 12-8。

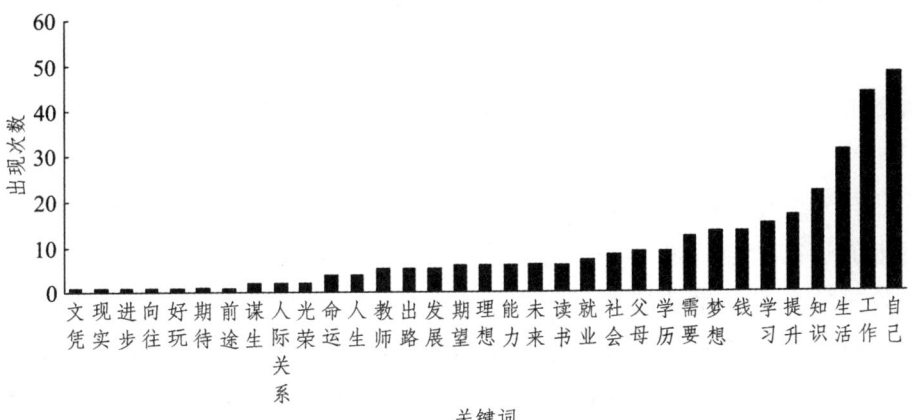

图 12-8　上大学的初衷关键词出现次数

由此图可知，上大学的初衷涉及的关键词出现次数较多的是自己、工作、生活、知识、提升、学习、钱等，可见新建本科院校大学生考入大学的主要初衷是为了将来拥有较好的工作、生活等物质条件，以及获取更多知识，得到更多的学习、锻炼的机会，使自身能力得到进一步提升等。本文将这些关键词归纳为三个维度，分别是期待向往、对现状的不满、对未来生活的憧憬。期待向往维度包括对大学的期待，认为大学好玩，上大学很光荣，上大学是自己的理想、梦想等；对现状的不满维度包括能力不足、学历不高、知识不够、文凭偏低，认为自己需要进一步提升等；对未来生活的憧憬维度包括将来有工作，生活过得好一些，可以赚钱，能就业，有一个不错的前途、出路，为了父母的生活以后过得好些，将来可以做一名教师，改变人生境遇、命运等。

三、讨论与启示

1. 贵州新建本科院校大学生学习动机的影响因素探析与启示

本章采用自编的问卷考察贵州新建本科院校大学生学习动机的影响因素。研究结果显示，贵州省新建本科院校大学生学习动机的影响因素主要包括自身及环境因素。一方面，自身的自律、情绪、能力、目标等会影响学习动机，另一方面，环境因素诸如家庭、社会因素，学校环境、人际关系及分心物等亦会影响学习动机。以下就其中一些影响因素展开讨论。

首先，大学阶段对于大部分的学生特别是新建本科院校大学生而言，是他们迈向社会，走上工作岗位前的最后一个系统的学校学习阶段。这个阶段的学习、生活特点，与初高中时期存在较大差异。初高中时期，学习目标比较明确，大部分学生都是为了将来能考上一个理想的高中、大学而学。学校管理非常严格，学校主要以升学率为指引，一切管理办法与措施几乎都是围绕着如何让学生考出好成绩而展开。而大学阶段，很多新建本科院校学生没有进一步深造的打算，缺少升学目标的指引。因此不少学生学习目标比较模糊，学习动力受到影响。

其次，高中学生生活相对简单，过的几乎就是教室、宿舍、食堂三点一线的生活。进入大学后，学生的学习生活已不局限于学校这一狭小空间，他们与社会的联系不断增加，人际交往变得频繁，这在一定程度上会分散个人的精力。大学在学校管理、班级管理、课堂管理等方面较之中学相对宽松，大学生的学习更多需要自觉、自主。这考验的是个体的自律能力、意志力等。意志力不够的学生,很容易被各种外在诱惑(如手机、游戏、小说、活动等)分散学习精力。第五章的研究显示,新建本科院校大学生大一年级的学习动机强于大二、大三。其原因可能是大一脱离高中生活不久,尚能保留较多高中时的学习习惯和动力。到了大二、大三,学习动力就会有所下降。这也许是他们没能抵抗外在干扰,将不少精力和时间放在其他事务和活动上所致。

再次,一些大学生是从自己的兴趣、需要、能力出发,去学习知识和技能。即那些满足自身需要、符合自身兴趣的知识才能激发他们的求知欲。这可能会使得学生对不同学科的学习动机有差别。对那些契合自己的需要、引起自身兴趣的学科,他们的学习动力更足,投入更多;而对那些自己觉得没兴趣、似乎不太需要的学科知识,其学习动力可能较弱,投入的精力较少。此外,一些大学生认为能力的高低影响个体的学习动力。他们觉得学习能力较高的个体,会因为自己的学习效率较高,比较容易理解知识,从而更愿意学习。不过,从学习结果来看,若将学科成绩不好的原因完全归因为自己能力,这将使得个体后续学习动力缺乏。因此,归因理论认为,引导学生从可控的、内在、不稳定因素(如努力程度等)去找原因,可以较好激发其后续学习动力。

最后,教师讲课比较风趣、通俗易懂、方式比较多样,容易激发学生的学习动机。校园环境整洁、优美,学习氛围浓厚,毕业要求比较高等外部条件更能激发学生学习动机。父母对子女的期望和要求比较高,其子女的学习动机也较高。在社会竞争越大、越难就业的专业就读的学生,其学习动机可能越强。此外,学习动机还受到同伴、舍友的影响,甚至也有一些为了使恋人觉得自己优秀而努力学习的。

不过,需要注意的是,所有的外在因素最终还得通过内部因素起作用,需要最终调动个体的主观能动性才能有所作为。从图 12-7 亦可看出,学习动机影响因素中,"自己"是一个主因。因此,只有不断加强自我修养、提高自律能力、端正学习态度、树立正确的学习观、强化个人主观能动性,才能更好地维持乃至提升学习动力,并将之转化为实际行动。

2. 新建本科院校大学生上大学的初衷探析与启示

本章采用自编的问卷考察贵州新建本科院校大学生上大学的初衷。研究结果显示,大部分学生是为了"自己"而选择上大学。比如,为了考上大学的荣光,为了实现自己的梦想,为了提升自己的能力、知识、学历等,为了将来可以过得不错,有工作、有钱赚、有美好的人生等。也有的大学生是为了父母,为父母争气、为改善他们的生活而上大学。也有迫于社会形势和要求而上大学的。这反映出新建本科院校大学生上大学的初衷的多样性。不过,这些初衷基于现实的功利性成分较多。这也从一个侧面反映了当下时代的特征。当代社会提倡以经济建设为中心,不断改善人民的物质文化生活,让贫困人口实现脱贫致富,共同奔小康。国家实施的精准扶贫战略,更是这一时代特征的反映。而贵州地区属于贫困人口占比较大,脱贫难度较大的省份。贵州新建本科院校大学生大部分来自农村(本书第四章中的调查显示为 88.25%),而农村是贫困发生率较高的地方。因此,贵州省新建本科院校大学生大部分为了将来自己有好工作、好生活,为提升自我,为能挣钱而上大学,亦在情理之中。

不过,功利性的动机较多,往往容易造成个体对知识技能进行选择性学习。比如,他们认为哪些知识和技能实用就学哪些知识和技能,对于那些虽然比较重要但较为枯燥抽象的理论知识,就可能会忽略,不愿花时间去学习、去思考,认为那是浪费时间的事情。若仅是以功利性和实用性来指导大学学习,可能最后只是掌握了一些谋生的"技术"和"工具",甚至可能连"工具"也掌握得不深不全,这不太利于理论和思想的创新,更不利于创造出新的"技术"和"工具"。因此,本书认为,新建本科院校大学生,推而广之其他所有大学生,不能仅基于"实用"去学,还需要学习"无用"的知识,这样才能构建较为全面和系统的知识体系,才有利于个体的创新思维的发展。

第十三章 研究结论、建议、不足与展望

一、研究结论

1. 贵州省新建本科院校大学生自主性学习动机成分较高;专业认同及其各维度、学校归属感及其各维度(抵制感除外)和生活满意度及其各维度(学业满意度除外)得分均高于理论中值。

2. 贵州省新建本科院校大学生学习动机强度和学习兴趣处于中等偏上水平;大部分学生学习效果处于中等水平;学习目标在有点明确到很明确的学生占比近一半;大部分贵州省新建本科院校大学生认为现实中的大学与自己的预期符合度不高。

3. 在性别上,女大学生的认同调节得分显著高于男生;男大学生的内摄调节和无动机得分显著高于女生;女生的动机指数得分显著高于男生。

4. 在年级上,大一年级学生在学习知识、动机指数上的得分显著高于大二、大三年级学生;大一年级学生的获得成就、内部动机得分均显著高于大三年级学生;大一年级学生在无动机上的得分显著低于大二、大三年级学生。

5. 在学科类型上,文科类的学生在体验刺激维度上的得分显著高于理工类和艺体类的学生;文科类、艺体类学生在内摄调节维度上的得分显著高于理工类学生。

6. 在志愿选择上，动机指数得分存在显著的志愿选择上的差异，具体为自主选择志愿组的得分显著高于父母或他人意愿组的得分。

7. 在专业学习条件上，学习知识、体验刺激、认同调节、内部动机、动机指数在较好的专业学习条件下的得分显著高于中等和较差的专业学习条件下的得分；较好专业学习条件下的无动机得分显著低于较差和中等专业学习条件下的得分。

8. 在校园环境上，处于较差和中等校园环境中的大学生，在无动机上的得分均显著高于处于较好校园环境中的大学生。较好校园环境中的大学生的动机指数得分显著高于较差和中等校园环境中的大学生的得分。

9. 在住宿条件上，学习知识、体验刺激、认同调节、内部动机在较好住宿条件下的得分均显著高于中等和较差住宿条件下的得分；无动机在较好和中等住宿条件下的得分显著低于较差住宿条件下的得分。动机指数在较好住宿条件下的得分显著高于中等及较差住宿条件下的得分，在中等住宿条件下的得分显著高于较差住宿条件下的得分。

10. 在饮食条件上，较好和中等饮食条件下学习知识的得分显著高于较差饮食条件下的得分；较差饮食条件下的无动机得分显著高于中等、较好饮食条件下的得分。较好饮食条件下的动机指数得分显著高于中等、较差饮食条件下的得分，中等饮食条件下的动机指数得分显著高于较差饮食条件下的得分。

11. 在父亲文化程度方面，父亲文化程度为高中的大学生在获得成就上的得分最高，并显著高于其他父亲文化程度的大学生；父亲文化程度为未上过学上的大学生的动机指数得分显著低于在父亲文化程度为小学及以上的大学生。

12. 在母亲文化程度方面，母亲文化程度为初中及以下的大学生的内摄调节得分显著低于母亲文化程度为高中及以上的大学生的得分。

13. 在家庭经济条件方面，家庭经济条件为很差、较差的大学生在无动机上的得分显著高于家庭经济一般的大学生。家庭经济条件为很差、较差的大学生在动机指数上的得分显著低于家庭经济一般的大学生。

第十三章 研究结论、建议、不足与展望

14. 在不同生源地及是否独生子女方面，不同条件的大学生在学习动机各维度、分量表及动机指数上的得分均不存在显著差异。

15. 专业类型、年级对内部动机、无动机和动机指数的交互作用均显著；专业类型、性别对无动机、动机指数的交互作用均显著。

16. 贵州新建本科院校大学生的专业认同部分维度在性别、生源地、年级、专业类型、志愿选择、专业学习条件、校园环境、住宿条件、饮食条件和母亲文化程度上存在显著差异；专业认同总分及其各维度在专业类型和专业学习条件上均存在显著差异；专业认同在是否独生、父亲文化程度和家庭经济情况上不存在显著差异。

17. 贵州新建本科院校大学生的学校归属感及其部分维度在性别、是否独生、年级、志愿选择、专业学习条件、校园环境、住宿条件、饮食条件和父亲文化程度上存在显著差异；学校归属感及其各维度在生源地、专业类型、母亲受教育程度上不存在显著差异。此外，专业类型、年级对学校归属感的交互作用显著。

18. 贵州新建本科院校大学生的生活满意度及其部分维度在性别、生源地、是否独生、年级、专业类型、志愿选择、专业学习条件、校园环境、住宿条件、饮食条件、父亲受教育程度、母亲受教育程度和家庭经济条件上均存在显著差异。

19. 贵州新建本科院校大学生的专业认同、学校归属感、生活满意度与内部动机、外部动机和动机指数之间均存在显著正相关关系；贵州新建本科院校大学生的专业认同、学校归属感、生活满意度与无动机之间均存在显著负相关关系。

20. 贵州新建本科院校大学生的专业认同、学校归属感、生活满意度对内部动机、外部动机和动机指数均有显著正向预测作用；专业认同、学校归属感、生活满意度对无动机均有显著负向预测作用。

21. 贵州新建本科院校大学生的学校归属感、生活满意度在专业认同与内部动机间的单一中介作用和链式中介作用均显著。

22. 贵州新建本科院校大学生的生活满意度在专业认同与动机指数

间的中介作用显著；学校归属感在专业认同与动机指数间的中介作用不显著；学校归属感、生活满意度在专业认同与动机指数间的链式中介作用显著。

23. 自编的问卷调查显示，影响贵州新建本科院校大学生学习动机的自身因素包括意志力、情绪、需要、兴趣、个性、认知水平、自制力、目标、理想、能力等，它们是影响学习动机的主因。外部环境因素包括家庭因素、学校因素、社会因素、分心物等，也会对学习动机造成影响。贵州新建本科院校大学生上大学的初衷主要出于"自我"的功利性目的，也有一些为改善父母生活、响应社会要求而上大学的。

二、研究建议

贵州省新建本科院校大学生的学习动机受到多方面因素的影响，包括个体、家庭、学校等方面的因素。因此，要提升大学生的学习动机，促使他们不断将外在动机转化为内在的自主性动机，需要从各种可能的影响因素出发，采取有针对性的措施。

1. 对男大学生的学习动机予以更多关注

新建本科院校需要对男大学生，特别是对文、理科专业男大学生的学习动机给予更多关注，提供更多指导。在整个社会层面，应当逐渐改变传统的性别刻板印象，营造男女平等竞争的氛围。在学校层面，要严格教学过程管理和考试制度，使学生能够感到学习的压力。应该加强入学教育，改变不少学生对大学的不合理认知，让他们树立正确的大学观、学习观。在班级管理层面，班主任或辅导员、院领导等应当对男生的学习生活予以更多关注，多深入到课堂、宿舍检查指导，关心他们的生活、学习情况。在教师教学层面，应当给男生更多答问机会，并多予以鼓励和帮助，增强其对自己有能力胜任学习任务的信心。

2. 加强对理工科学生的关注

学校、学院应该加强对理工科学生的管理和教育，通过采取各种措施（诸如举办学科技能竞赛、科学研究竞赛，强化实践实训，加大对学生科研成果的奖励等）提升他们对本专业的兴趣。教师和家长应对学生表达出恰当的期望，让学生感受到良好的社会支持，从而激发其学习动机。不同类型专业的班级亦可定期举行交流座谈会，以此促进学生之间的交流和学习，取长补短，拓展知识面，增加学习和生活的趣味。

3. 根据不同专业性质，加强对不同年级学生学习动机的关注

对文、理科专业而言，应加强对大二年级学生学习动机的关注，对于艺体类专业而言，应该加强对大一、大三学生学习动机的关注。在学校、学院以及班级层面，可采取分类分年级的指导办法，通过讲座、座谈及走访等形式对文、理科大二年级及艺体大一、大三年级学生的学习、生活予以更多关注，并在学习方面提供针对性的指导意见和建议。班主任或辅导员应及时了解这部分学生的心理状态、学习生活情况，采取相关的措施，给予该群体更多的关怀。

4. 让孩子自主选择专业、进行志愿填报

学生在进行高考志愿填报的时候，父母或他人可以提供参考意见和建议，让孩子对其所选专业有更多了解，但不必替孩子做决定。尽量让孩子根据自己的能力、兴趣爱好等去选择所学专业，以此增强他们入大学后的专业认同及学习动机。

5. 家长需做出表率、提出要求

家长需要加强学习，树立终身学习的理念与意识，勤勉工作，保持积极向上的精神状态，培养乐观的生活态度，给孩子树立一个良好的榜样。家长还需要努力改善家庭的经济状况，使孩子可以把更多精力和时

间放在学习上。另外，家长还应该密切关注孩子的学习、生活，并给他们提出较高的要求，激发他们的上进心，求知欲。

6. 学生需立志高远，树立自律精神

新建本科院校大学生应该将个人发展和国家、民族的发展结合起来，着眼长远，以主人翁的责任感、使命感来学习。减少学习动机里的急功近利成分，不断加强终身学习的理念，树立为人民谋幸福、为国家谋富强、为民族谋复兴的远大学习目标。同时在大学生活中，在明确的目标指引下，妥善处理好娱乐、社团活动与学习的关系，自觉抵制各种诱惑，培养自律精神，增强学习动力，确保行动与目标保持一致，避免偏离目标或半途而废。

7. 加大办学经费投入，加快完善基础设施建设

政府层面，需要高度重视地方的高等教育，加大对地方性本科院校的经费投入，使这些学校在人才引进、设备更新、教学改革、科学研究、社会服务等方面有资金保证。同时，对于部分尚未完成基础设施建设的院校，政府需要及时采取有力措施，帮助其完成基础设施建设。学校方面应积极配合政府，不断改善本校专业学习条件、学校环境、住宿条件、饮食条件等外部物质条件。

8. 提高学生的专业认同

学校需要加强经费投入，通过引进和培养高层次专业人才，改善教学条件，改进管理办法，促进专业建设。教师需要专心教学与科研，用行动感染学生，用智用情感化学生，调动学生学习的激情、热情。教师以及班主任、辅导员还需要多向学生介绍本专业的情况，纠正他们对本专业的认识误区，增加他们对本专业的认识，端正对本专业的学习态度，增进学习动力。

9. 增加学生的学校归属感及生活满意度

教师与学生之间要建立良好的师生关系，促进学生归属需要的满足。教师对所有学生应做到一视同仁，平等相待；要善于发现每个学生的特点、优点；多鼓励学生参与各种学习活动，并对他们的进步给予肯定和褒奖，增强其胜任需要。在班级建设及各种评优评奖中，教师应认真倾听学生的意见和建议，权衡利弊，做出最优选择。学校需创设条件，营造温馨、舒适的校园环境。应该加强食堂、宿舍管理，保证学生就餐环境的舒适度，饮食安全性、营养性、实惠性等。学校还应保证住宿环境的安静、整洁，统一制定科学合理的作息制度，保证学生充足的睡眠。另外，父母需要为学生提供良好的家庭氛围。通过各方配合，增强新建本科院校学生的学校归属感和生活满意度，进而提升他们的学习动机。

10. 营造良好的学习环境与氛围

本研究以为，新建本科院校应不断优化校园基础设施建设，准备好便于学生生活、学习的硬件设施；以名人名言、古训等为内容，借助书法、雕塑、绘画等艺术形式，美化校园环境，打造一个良好的学校精神家园。全校上下，无论领导还是普通教师，应当以学习、学问为核心，虚心向学、言传身教，为学生树立良好的榜样。此外，学校应以学生为主体，以教师为载体，通过不断完善相关激励制度，激发教师传道授业的热情、激情和学生求知若渴的感情、真情。良好的学习氛围必定带来强大的感染力、影响力，激发学生学习的动力。

11. 结合现代化的教学手段，增加教学吸引力

教师在课堂教学过程中，应该不断充实和更新教学内容，并结合现代化的教学手段，采用多种教学方式，不断优化课堂教学设计，增强课堂的吸引力、趣味性，引起学生对课堂的兴趣，提高学生对知识的唤醒水平，从而激发他们的学习动机，并促使学习动机逐渐内化。

12. 引导学生合理归因

教师、辅导员应从学生实际出发，运用归因理论引导他们对自己的学习结果进行合理归因。特别是对于学习成绩不够理想、平时学习投入较少的学生，引导他们更多地关注内在可控性因素，让学生认识到学习效果不佳并非因为他们的能力差，而是因为没有付出足够的努力和掌握科学有效的方法。只要在学习上采取恰当的方式方法、投入更多的时间和精力，能力就可以得到锻炼和提升，学习效果也会有改观。

三、研究不足与展望

（一）本研究的不足

首先，本研究中被试的数量偏少且取样的时候，大学四年级被试已经参加实习（第十二章的研究除外），未能取到这部分被试，这对研究结果的推广性、代表性带来一定影响。其次，本研究调查问卷条目比较多，易造成被试疲倦而不够认真的情况。再次，本研究仅使用问卷调查法，研究方法比较单一，并且问卷调查存在社会赞许性问题，调查结果可能在反映被试某个心理变量（如学习动机）的水平上存在偏高现象。最后，本研究只探讨了贵州省新建本科院校大学生学习动机的构成及其可能的影响因素，研究层次上属于相关研究，只根据各变量与学习动机的关系对这些变量如何影响学习动机做出有限预测，将来研究应进一步使用实验法去探究各种变量与学习动机存在因果关系。

（二）研究展望

1. 完善现有理论、改进研究工具

未来研究需要基于本土的实际情况和文化特点，构建更契合我国国情的学习动机理论和研究工具。有些研究者从分析思维的角度来编制问卷，如将一个心理变量分为多个维度。这有其合理之处，但亦有不足。比如本研究使用的学习动机问卷，存在 6 个维度，亦可分为内部动机、外部动机、无动机三个分量表。如果没有量表提供的说明，研究者仅凭自己的判断，很难对各维度包含哪些题项做出完全准确的选择。经常出现一个题目既像 A 维度又像 B 维度还像 C 维度的情况。此外，自我决定动机理论认为动机是从无动机向内部动机不断转化的连续变化过程。但该理论没有对"无动机先转化为外部动机，再由外部动机转化为内部动机""无动机直接转化为内部动机"等转化路径进行详细说明。动机到底来自内部需要还是外部要求，有时亦很难区分。比如"我要好好学习，做一个像父亲那样爱学习的人"这一学习动机中，到底有多少源于父亲的榜样作用、有多少源于个体内心的喜欢，很难区分得清楚。因此，本书粗浅地认为将来研究应侧重从学习动机的整体功能（例如学习动机作为整体是如何在学习心理及行为中发挥作用的）出发去完善相关理论和研究工具。

2. 建立学习动机的常模

目前根据某一学习动机问卷测得的结果，很难判断个体或者群体的得分到底处于怎样的位置。将来可以试着建立各年龄群体的学习动机常模（总体平均数），将其作为参照标准来衡量个体或者群体学习动机水平的高低。

3. 使用多种方法研究学习动机

目前多数学者采用问卷法研究学习动机。问卷调查法的不足在于研究结果受被试的态度、理解力、自察自省力的影响较大。将来的研究可以结合实验法、访谈法、观察法、投射测验法等对个体的学习动机进行考察。这样能综合各种研究方法的优点，更为全面客观地反映学习者的学习动机。

4. 加强对学习动机的发展性研究

过去的大多数研究主要关注某个年龄段被试的学习动机，对学习动机随着年龄、时代发展变化的研究较少。将来的研究可以考虑学习者年龄以及所处时代背景等因素，对学习动机的发展性特点、时代性特点进行考察，为更好地认识学习动机提供参考资料。

5. 加强对特殊群体学习动机的研究

21世纪初，被誉为"中国航天之父"的钱学森提出了著名的"钱学森之问"，这个问题刺痛了许多国人的心，也引发了整个教育界乃至社会各界的广泛思考。中国现今的基础教育水平处于世界领先位置，优秀学生非常多。为何最终成为杰出人才的却不多？笔者愚见，可能与中国学生特别是他们中的优秀学生缺乏持久的学习动机、学习热情有关。因此，有必要对学习优秀学生、杰出人物的学习动机进行深入追踪与比较研究，以发现其中的一些特殊规律。这样，也许能对解决"钱学森之问"起到一定作用。

6. 丰富学习动机前因变量、后果变量的研究

学习动机作为重要的非智力因素，目前对它与其他非智力因素的关系研究还不够充分。将来可以进一步探讨理想、信念、目标、意志、情绪等对学习动机的影响。学习动机如何对学习行为起作用？它对学习效果的作用如何？作为非智力因素的学习动机与智力因素（如能力、智商）如何共同对学习效果、学业成绩起作用？对于此类问题，未来需要扩大被试取样范围和数量，结合多种方法、手段进行探究和分析。

7. 丰富学习动机的跨文化研究

文化和心理有着密切的关系，文化的多样性同样为研究学习动机提供了多样的视角。未来研究者可以比较不同文化族群的学习动机，

第十三章 研究结论、建议、不足与展望

探究影响学习动机的文化因素；也可以在不同文化背景的群体中去检验学习动机的理论、规律，研究工具的适用性；还可以根据各族群自身文化的特殊性，构建更契合本族群文化特点的学习动机理论和研究工具等。

参考文献

[1] 王前新. 新建本科院校 SWOT 分析与战略对策[J]. 荆门职业技术学院学报教育学刊，2007（7）：29-33.

[2] 贺金玉，金清云. 大众化背景下新建地方本科院校的质量定位[J]. 中国大学教学，2006(10): 41-42.

[3] 顾拓宇. 新建本科院校转型困境的地位社会学探论——基于经济、声望和权力的视角[J]. 职教论坛，2017（19）：16-21.

[4] 教育部办公厅关于开展普通高等学校本科教学工作合格评估的通知[EB/OL]. (2012-01-10)[2020-08-18].http://www.moe.gov.cn/srcsite/A08/s7056/201802/t20180208_327138.html.

[5] 卞良. 我国新建本科院校发展中存在的问题及对策——基于全国高校教学基本状态数据库的分析[J]. 现代教育管理，2015（10）：53-57.

[6] 黄守星，李丽娟，黄莺. 新建地方本科院校文化建设探析[J]. 河北科技大学学报：社会科学版，2014（2）：102-107.

[7] 杨欣淼. 贵州省新建本科院校专业设置与产业结构的适应性研究[D]. 贵阳：贵州师范大学，2016.

[8] 陈忠勇. 贵州省新建本科院校发展策略研究[J]. 毕节学院学报，2010（1）：112-116.

[9] 冯现刚，傅琪. 大学生时间管理倾向与学习动机的关系[J]. 中国学校

卫生，2011（4）：447-448.

[10] 刘启刚，周立秋. 公安院校大学生学习动机对专业认同的影响研究[J]. 心理技术与应用，2015（12）.

[11] 张干群，李明明，赵金静. 大学生学习动机、专业认同与学业成绩的关系研究——以社会工作专业为例[J]. 统计与管理，2016（12）：55-57.

[12] 史雅静，张灵聪，郝兴昌. 大学生自我决定学习动机对学业成就的影响[J]. 牡丹江师范学院学报：哲学社会科学版，2016(4)：118-124.

[13] 要海玲. 大学生学习倦怠与自我决定学习动机的跨文化研究[D]. 临汾：山西师范大学，2013.

[14] 暴占光，张向葵. 自我决定认知动机理论研究概述[J]. 东北师大学报：哲学社会科学版. 2005（6）：141-145.

[15] 索玉贤. 大学生自我效能感、自我决定动化、学业拖延的关系研究[D]. 武汉：华中师范大学，2015.

[16] DECI E L，RYAN R M. Intrinsic motivation and self-determination in human behavior[M]. New York：Plenum. 1985.

[17] 白萨琦. 蒙汉大学生时间观念、自我决定动机与同一性过程的关系研究[D]. 呼和浩特：内蒙古师范大学，2014.

[18] 胡小勇，郭永玉. 自主-受控动机效应及应用[J]. 心理科学进展，2009，17（1）：197-203.

[19] 笪丹丹. 大学生自尊水平、自我决定学习动机和学业拖延的关系研究[D]. 苏州：苏州大学，2015.

[20] 暴占光. 初中生外在学习动机内化的实验研究[D]. 长春：东北师范大学，2006.

[21] 李勇. 高中生学习动机内化水平及与自我效能、社会支持的关系[D]. 长春：东北师范大学，2009.

[22] 张洁. 高中生学习动机内化特点及相关因素研究[D]. 长沙：湖南师范大学，2009.

[23] 刘艳. 中学生自我决定动机特点及与大五人格关系的研究[D]. 长沙：湖南师范大学，2011.

[24] 朱九扬. 自我决定理论视角下的大学生英语学习动机实证研究[J]. 江苏师范大学学报：哲学社会科学版，2014（5）：139-143.

[25] 夏晓娟，廖凤林. 大学生时间洞察力、自我决定动机与学业拖沓关系探究[J]. 首都师范大学学报：社会科学版，2009（S4）：68-75.

[26] 池丽萍，辛自强. 大学生学习动机的测量及其与自我效能感的关系[J]. 心理发展与教育，2006（2）：64-70.

[27] 牛更枫，涂勤建，孙晓军. 免费师范生的主观幸福感、心理韧性和学习动机的关系研究[C]. //中国心理学会. 第十五届全国心理学学术会议论文摘要集. 北京：中国心理学会，2012：2.

[28] 莫闲，袁媛. 大学生学习动机整合状况的调查研究[J]. 教育理论与实践. 2008（11）：37-39.

[29] 陈玲玲. 苏北小学生学习动机研究[D]. 南京：南京师范大学，2013.

[30] 禹云闪，文晓晓. 独立学院理工科学生学习动机的调查研究[J]. 知识经济，2017（23）：133-134，136.

[31] 毕重增，黄希庭. 中学教师成就动机、离职意向与倦怠的关系[J]. 心理科学，2005（1）.

[32] 连榕、杨丽娴、吴兰花. 大学生的专业承诺、学习倦怠的关系与量表编制[J]. 心理学报，2005（5）.

[33] 马先明，孙荣山，桑运川，崔滢. 大一新生学习动机、自我效能感与学习倦怠的关系研究[J]. 黑龙江教育学院学报，2013（09）：126-128.

[34] 贾宁，王美璇，代景华. 高职生学习倦怠及内部影响因素[J]. 中国健康心理学杂志，2014（1）：137-140.

[35] 常保瑞. 地方高校学生学习动机与学习倦怠关系研究[J]. 商洛学院学报，2014（2）：67-71，77.

[36] 宫晓燕，田录梅，伦凤兰. 高中生学习效能感、学习动机与学习倦

息的关系[J]. 青少年研究（山东省团校学报），2014（3）：44-49.

[37] 李强. 社会支持与个体心理健康[J]. 天津社会科学，1998（1）：66-69.

[38] 石学云. 学习障碍学生社会支持、学习动机与学业成绩的关系研究[J]. 中国特殊教育，2005（9）：55-59.

[39] 庞海波，邓婉仪. 中学生学习动机内化发展影响因素研究[J]. 课程·教材·教法，2011（8）：43-48+88.

[40] 高丙成，刘儒德. 初中生社会支持的类型及其对学习的影响[J]. 心理科学，2011（3）：608-612.

[41] 刘恋. 高职大学生学习动机与自我概念、社会支持的关系研究[D]. 扬州：扬州大学，2012.

[42] 陈新叶. 合作教学对初中生学习动机、社会支持影响的对比研究[J]. 山东师范大学学报：人文社会科学版，2003（4）：124-127.

[43] 王炎. 初中生社会支持、内隐自尊、学习动机与学业成绩的关系研究[D]. 大连：辽宁师范大学，2017.

[44] 秦攀博. 大学生专业认同的特点及其相关研究[D]. 重庆：西南大学，2009.

[45] 赵慧勇，宁静. 高职生专业认同特点及其与学习动机的关系[J]. 宁波大学学报：教育科学版，2013（4）：95-99.

[46] 李杰，刘洋，陈丽丽. 农村订单定向免费医学生专业认同、学习动机及其相关性研究[J]. 中国卫生事业管理，2014（10）：765-767.

[47] 何木叶，毛志强. 学前教育专科生专业认同、专业承诺和学习动机的关系[J]. 岳阳职业技术学院学报，2016（2）：46-50.

[48] 赵以文，袁潇，李永娟. 中职学生专业认同、学习动机和专业课成绩之间的关系：自我控制的调节作用[J]. 人类工效学，2016（1）：16-20.

[49] 周广亚. 大学生自我控制、学习适应与生活满意度的关系[J]. 中国健康心理学杂志，2011（11）：1394-1396.

[50] 曹冲，胡义秋. 技校学生学习动机、主观幸福感和心理健康的相关研究[J]. 职教通讯，2016（28）：18-22.

[51] 赵联防，陈志铅. 大学生学习动力状况以及与学校归属感的相关研究[J]. 学园，2012（3）：48-51.

[52] 周逍雅，林盛. 大学生学校归属感及其与学习动机、学习投入度的关系[EB/OL]. http://www.paper.edu.cn/releasepaper/content/201503-344.

[53] 陈保华. 大学生学习拖延初探[D]. 上海：华东师范大学，2007.

[54] 杨阳. 小学生学习拖延与学习动机相关研究[D]. 上海：华东师范大学，2018.

[55] 宁良强. 高职生的学业自我效能感、学习动机及其与学习成绩的关系[D]. 济南：山东师范大学，2009.

[56] 蔡卡宁，莫岸洪. 大学生学习动力现状分析与对策——基于肇庆学院的实证调查[J]. 上海教育评估研究，2015（6）：35-38+66.

[57] VANSTEENKISTE M, ZHOU M M, LENS W. et al. Experiences of autonomy and control among Chinese learners: Vitalizing or immobilizing?[J]. Journal of Educational Psychology, 2005, 97（3）: 468-483.

[58] GROLNICK W S. RYAN R M. Autonomy in children's learning: An experimental and individual difference investigation[J]. Journal of Personality and Social Psychology, 1987, 52: 890-898.

[59] BLACK A E. DECI E L. The effects of student self-regulation and instructor autonomy suport on learning in a college-level natural science course: A self-determination theory perspective[J]. Science Education, 2000, 84: 740-756.

[60] LEGAULT L. GREEN-DEMERS L. GRANT P. et al. On the self regulation of implicit and explicit prejudice: A self-determination

theory perspective[J]. Personality and Social Psychology Bulletin, 2007, 33: 732-749.

[61] PELLETIER L G. DION S C. SLOVENIC-D'ANGELO M. et al. Why do you regulate what you eat? Relations between forms of regulation, eating behaviors, sustained dietary behavior change, and psychological adjustment[J]. Motivation and Emotion, 2004, 28: 245-277.

[62] RYAN R M. RIGBY S. KING K. Two types of religious internalization and their relations to religious orientations and mental health[J]. Journal of Personality and Social Psychology, 1993, 65: 586-596.

[63] ZUROFF D C. KOESTNER R. MOSKOWITZ D. et al. Auto- nomous motivation for therapy: A new nonspecific predictor of outcome in brief treatments of depression[J]. Psychotherapy Research, 2007, 17: 137-148.

[64] 李若兰. 大学生专业认同对学习投入的影响：学校归属感和学业自我效能感的链式中介作用[D]. 广州：华南理工大学，2018.

[65] 李海芬，王敬. 大学生专业认同现状调查研究[J]. 教学研究，2014（1）：9-12.

[66] 张建育，李丹. 大学生的专业认同及其与成就动机、学习满意度关系[J]. 中国健康心理学杂志，2016（4）：562-565.

[67] 金则霜. 大学生专业认同及其与自我概念、成就动机的关系研究[D]. 长沙：湖南师范大学，2011.

[68] 张萌，李若兰. 大学生专业认同对学习投入的影响研究：学校归属感的中介作用[J]. 黑龙江高教研究，2018（3）：94-99.

[69] 李杰，刘洋，陈丽丽. 农村订单定向免费医学生专业认同、学习动机及其相关性研究[J]. 中国卫生事业管理，2014（10）：765-767.

[70] 王顶明，刘永存. 硕士研究生专业认同调查[J]. 中国高等教育研究，2007（8）：18-22.

[71] 李明. H 大学研究生专业认同影响因素实证探究[D]. 上海：华东师范大学，2011.

[72] 胡玉婷，雷经国. 地方高校特殊教育专业本科生专业认同现状调查研究——以贵州师范学院为例[J]. 长春大学学报，2016（11）：120-124.

[73] 胡志海，黄和林. 大学生人格类型与专业认同间的关系研究[J]. 心理科学，2006（29）.

[74] 胡忠华. 四川省护理本科生专业认同调查分析[D]. 成都：四川大学，2007.

[75] 李致莹. 职能治疗专业认同感之探讨[J]. 医学教育，2006（10）：197-208.

[76] 林媛. 重庆市高职学前教育专业学生专业认同感的研究现状. 重庆：重庆师范大学，2016.

[77] 袁长林. 教育学硕士研究生专业认同与社会支持、自我意识的关系[D]. 昆明：云南大学，2012.

[78] 程化琴、庄明科，刘琉，郝晓玲. 大学新生专业认同感、职业决策困难及生活满意度状况调查——以某大学某专业新生为例[J]. 教育学术月刊，2014（2）：85-89.

[79] 王冀. 硕士研究生专业认同、职业生涯规划与主观幸福感的关系研究[D]. 成都：四川师范大学，2015.

[80] 刘印. 大专护生专业认同、学习适应性和自我效能相关研究[D]. 长春：吉林大学，2011.

[81] 徐晓烨，许虹波，赵萍，周露莎，汪燕玲，李梅. 不同学历护生专业认同和学业自我效能关系的研究[J]. 护理学杂志，2014（1）：61-63.

[82] 张斌，周怡，蒋怀滨，蔡太生，邱致燕. 学习效能感在护理本科生专业认同与学习倦怠关系中的中介作用[J]. 中国临床心理学杂志，2014（6）：1121-1123.

[83] 和爱林，赵俊洁，高冬东. 专业认同与学习倦怠的关系：学业自我效能感的中介作用和领悟社会支持的调节作用[J]. 心理月刊，2019（17）：1-3.

[84] GOODENOW C. School Motivation, Engagement, and Sense of Belonging among Urban Adolescent Student[J]. ERIC Document Reproduction Service,1992(1): 349-364.

[85] 包克冰，徐琴美. 学校归属感与学生发展的探索研究[J]. 心理学探新，2006（2）：51-54

[86] 李西强. 初中生学校归属感，家庭功能性与自我和谐的关系[D]. 天津：天津师范大学，2017.

[87] 刘金婷. 大学生被重视感对主观幸福感的影响：学校归属感的中介作用[D]. 南充：西华师范大学，2017.

[88] 崔晨. 大学生社会支持、学校归属感与学习倦怠的关系研究[D]. 南宁：广西大学，2015.

[89] 黄慧华. 大学生学校归属感、自我价值感和人际关系现状及其关系研究[D]. 武汉：华中师范大学，2014.

[90] 孙小玉. 中学生家庭亲密度、学校归属感与学业效能感的关系研究[D]. 成都：四川师范大学，2014.

[91] 程笑珍. 高中生人格特质、人际关系与学校归属感的关系研究[D]. 南昌：江西师范大学，2014.

[92] 张晓兰. 初中生学校归属感、自我效能感与学业成绩的关系研究[D]. 西安：陕西师范大学，2012.

[93] 杜好强. 大学生学校归属感及其影响因素研究[D]. 重庆：西南大学，2010.

[94] 赵联防. 大学生学业情绪、学校归属感和心理健康的关系研究[D]. 福州：福建师范大学，2009.

[95] 尹美恒，龚雪. 高职新生自我和谐对学校归属感的影响：人际关系的中介作用[J]. 中国健康心理学杂志，2016（11）：1670-1673.

[96] 孟瑞华. 学校归属感对流动儿童学业成绩的调节效应[J]. 教育导刊, 2019（4）: 42-50.

[97] 魏昶, 喻承甫, 赵存会, 等. 学校归属感在学校氛围和留守儿童学业成绩间的中介作用[J]. 中国学校卫生, 2016（7）: 1103-1105.

[98] 黄燕琼. 大学生学校归属感、学校适应与总体幸福感的关系研究[D]. 桂林: 广西师范大学, 2019.

[99] 张兴贵, 何立国, 郑雪. 青少年学生生活满意度的结构和量表编制[J]. 心理科学, 2004（5）: 1257-1260.

[100] 苗元江. 心理学视野中的幸福[D]. 南京: 南京师范大学, 2003.

[101] 金怡. 大学生生活应激、生活满意度及其关系研究[D]. 芜湖: 安徽师范大学, 2007.

[102] 石美玲. 大学生生活事件、心理弹性与生活满意度的关系研究[D]. 武汉: 华中师范大学, 2014.

[103] 冯盼. 大学生自我接纳、心理资本与生活满意度的关系研究[D]. 开封: 河南大学, 2016.

[104] 廖悦诗, 邓敏, 张旭东. 贫困女大学生生活满意度现状调查研究[J]. 吉林省教育学院学报, 2018（6）: 134-136.

[105] 严标宾, 郑雪. 中国内地、香港和美国大学生生活满意度比较[J]. 中国心理卫生杂志, 2007（7）: 436-439.

[106] 陈丽娜, 张建新. 大学生一般生活满意度及其与自尊的关系[J]. 中国心理卫生杂志, 2004（4）: 222-224.

[107] 王凯旋. 大学生自我概念、时间管理倾向与生活满意度的相关研究[D]. 福州: 福建师范大学, 2007.

[108] 金盛华, 田丽丽. 中学生价值观、自我概念与生活满意度的关系研究[J]. 心理发展与教育, 2003（2）: 57-63.

[109] 梁永锋, 刘少锋, 何昭红. 大学生积极心理资本与生活满意度的相关性[J]. 中国健康心理学杂志, 2016（3）: 410-413.

[110] 杜阳宇. 大学生生活满意度提升策略研究[J]. 北方文学, 2018(6)：168.

[111] 马元广, 贾文芝. 负性生活事件对生活满意度的影响：解释性乐观的调节作用[J]. 中国健康心理学杂志, 2017（1）：76-79.

[112] 宋广文, 杨孟甜. 大学生满意度与自主学习现状及关系研究[J]. 华南理工大学学报：社会科学版, 2018（2）：104-111.

[113] 张国华, 刘言信. 安徽某高校学生生活支出与校园生活满意度的关系[J]. 中国学校卫生, 2008（12）：1142-1143.

[114] 李琳. 体校生学校归属感、人际关系和生活满意度的关系的研究[D]. 石家庄：河北师范大学, 2013.

[115] 曹晓君, 代莉. 大学生人际交往能力与生活满意度的关系：人际信任的中介作用[J]. 中国健康心理学杂志, 2020-01-07.

[116] 何安明, 惠秋平. 大学生手机依赖与生活满意度的交叉滞后分析[J]. 中国临床心理学杂志, 2019（6）：1260-1263.

[117] 唐文清. 大学生专业适应性量表编制及其应用[D]. 重庆：西南大学, 2007.

[118] BLAIS M R. SABOURIN S. BOUCHER C. et al. Toward a motivational model of couple happiness[J]. Journal of personality and social psychology, 1990, 59：1021-1031.

[119] 汪雅霜, 王芳. 大学生学校归属感影响因素的实证研究——基于"国家大学生学习情况调查"数据分析[J]. 现代教育管理, 2015（8）：110-114.

[120] 刘怀英. 大学生宗教经验触发因素与生活满意度的关系研究[D]. 福州：福建师范大学, 2012.

[121] 陈翠华. 大学生专业认同与自主学习的关系研究[D]. 桂林：广西师范学院, 2014.

[122] 郭金凤, 崔焱, 侯晞. 芜湖市某医学院校护理专业学生专业认同与学习动机的相关性研究[J]. 医学与社会, 2015（01）：72-75.

[123] 冯桂芳. 学习动机、学习自主性、自我认同与多媒体辅助听力教学有效性的关系[J]. 广州广播电视大学学报, 2006（6）: 22-26.

[124] 吴倩, 都秋薇, 尹天子. 大学生学校归属感对生活满意度的影响——人际关系困扰和自尊的链式中介作用[J]. 武汉交通职业学院学报, 2018（4）: 61-67.

附录一　学习动机及其相关因素调查问卷

同学您好！欢迎您参与此次问卷调查！本问卷采取不记名方式进行。您对本调查问卷各个题目的回答没有对错之分，且此次调查结果仅用于学术研究，不会给您造成任何不利影响，请您根据自己的情况放心如实填答。衷心感谢您的参与和合作！

一、基本情况

请您在下列符合自己目前实际情况的选项（数字）上打√，均为单选。

1. 性别（1. 男　2. 女）
2. 生源地（1. 城镇　2. 农村）
3. 是否独生子女：（1. 是　2. 否）
4. 年级（1. 大一　2. 大二　3. 大三　4. 大四）
5. 所学专业的类型（1. 文科类　2. 理工类）
6. 我所学专业的志愿选择属于（1. 自主选择　2. 父母或他人意愿　3. 调剂专业）
7. 本校这个专业的学习条件（1. 较差　2. 中等　3. 较好）
8. 我所在学校的校园环境（1. 较差　2. 中等　3. 较好）
9. 我所在学校的住宿条件（1. 较差　2. 中等　3. 较好）

10. 我所在学校的饮食条件（1. 较差 2. 中等 3. 较好）

11. 我父亲的受教育程度（1. 未上过学 2. 小学 3. 初中 4. 高中 5. 大专及以上）

12. 我母亲的受教育程度（1. 未上过学 2. 小学 3. 初中 4. 高中 5. 大专及以上）

13. 我的家庭经济情况（1. 很差 2. 较差 3. 一般 4. 较好 5. 很好）

二、问卷一

下面是一份关于您现在就读学校情况的问卷，请您根据自身与各个项目所描述情况相符合的程度（完全不同意至完全同意），在相应的数字上打"√"。

项　目	1 完全不同意	2 不同意	3 基本不同意	4 基本同意	5 同意	6 完全同意
1. 这所学校大部分老师对我感兴趣	1	2	3	4	5	6
2. 我感觉自己好像是这所学校的一分子	1	2	3	4	5	6
3. 这所学校的人留意到我善于做某一方面的事情	1	2	3	4	5	6
4. 这所学校难接受我这种学生	1	2	3	4	5	6
5. 这所学校的同学认真采纳我的意见	1	2	3	4	5	6
6. 有时候我感觉我好像不属于这所学校	1	2	3	4	5	6
7. 当我有困难时，这所学校至少有一个老师是我能向他倾诉的	1	2	3	4	5	6

续表

项 目	1 完全不同意	2 不同意	3 基本不同意	4 基本同意	5 同意	6 完全同意
8. 这所学校的人对我很友善	1	2	3	4	5	6
9. 这所学校的老师对我这种人不感兴趣	1	2	3	4	5	6
10. 我在学校里参加了很多活动	1	2	3	4	5	6
11. 我得到了和其他同学一样的尊重	1	2	3	4	5	6
12. 在这所学校,我感觉与大部分同学很不一样	1	2	3	4	5	6
13. 在这所学校,我能做真实的自己	1	2	3	4	5	6
14. 这所学校的老师尊重我	1	2	3	4	5	6
15. 这所学校的人知道我能把工作做好	1	2	3	4	5	6
16. 我希望我是在另一所学校就读	1	2	3	4	5	6
17. 我以属于这所学校而自豪	1	2	3	4	5	6
18. 这所学校的同学喜欢我做事的方式	1	2	3	4	5	6

三、问卷二

下面有 28 种对这一问题(为什么上大学?)的回答,请从 1—7 评价每一种回答与你自己上大学的原因相符合的程度:1 表示完全不符合,4 表示中度符合,7 表示完全符合。请在相应的数字上打"√"。

项目	完全不符合	不符合	中度符合	非常符合	完全符合		
1. 因为只有高中文凭,我不能找到一份高薪水的工作	1	2	3	4	5	6	7
2. 因为我能够从学习新知识的过程中体会到快乐和满足	1	2	3	4	5	6	7
3. 因为我认为大学教育可以帮我为自己选择的职业生涯做更好的准备	1	2	3	4	5	6	7
4. 为了获得与他人交流自己思想观点时所体验到的激情	1	2	3	4	5	6	7
5. 说实话,我不知道。我真的觉得我在学校是在浪费时间	1	2	3	4	5	6	7
6. 为了获得在学习过程中超越自我的体验	1	2	3	4	5	6	7
7. 为了证明自己有能力完成大学学业,拿到大学文凭	1	2	3	4	5	6	7
8. 为了获得一份体面的工作	1	2	3	4	5	6	7
9. 为了获得发现未知的喜悦	1	2	3	4	5	6	7
10. 因为大学最终能够帮助我进入自己所热爱领域的职业市场	1	2	3	4	5	6	7
11. 为了获得阅读富有特殊魅力的学者的作品时体验到的乐趣	1	2	3	4	5	6	7
12. 我曾经有很多充分合理的上大学的理由,但是现在我不知道自己是否应该继续	1	2	3	4	5	6	7
13. 为了体验超越自我的欣喜	1	2	3	4	5	6	7
14. 因为每当我在大学中获得成功时,都觉得自己是一个举足轻重的人	1	2	3	4	5	6	7

续表

项目	完全不符合	不符合	中度符合	非常符合	完全符合		
15. 因为我希望今后能有一个幸福的人生	1	2	3	4	5	6	7
16. 为了在自己热爱的专业领域体验知识增长所带来的快乐和满足	1	2	3	4	5	6	7
17. 因为上大学可以帮助我在职业生涯规划中做出更好的选择	1	2	3	4	5	6	7
18. 为了获得全身心沉浸在某些特殊学者的作品中时体验到的乐趣	1	2	3	4	5	6	7
19. 坦白说,我不知道我为什么上大学,我也不关心这个问题	1	2	3	4	5	6	7
20. 为了获得完成艰难的学习活动时体验到的满足感与成就感	1	2	3	4	5	6	7
21. 为了显示我是一个聪明的人	1	2	3	4	5	6	7
22. 为了将来能有一份可观的薪水	1	2	3	4	5	6	7
23. 因为上大学能让我继续学习很多自己感兴趣的东西	1	2	3	4	5	6	7
24. 因为我相信多接受几年的教育能够增强我作为一名工作者的胜任力	1	2	3	4	5	6	7
25. 因为大学能让我有机会获得阅读各种趣味无穷的读物,这常让我获得激动不已的体验	1	2	3	4	5	6	7
26. 我不知道,我不理解自己在学校里的所作所为	1	2	3	4	5	6	7
27. 因为大学能让我体验到在自己的学习中追求卓越所带来的满足感和成就感	1	2	3	4	5	6	7
28. 因为我想显示自己能够在学习中取得成功	1	2	3	4	5	6	7

四、问卷三

根据你对所学专业情况的符合程度，请从 5 个备选答案中，选择 1 个符合你现在实际情况的答案打"√"。（例如：选择"完全不符合"就在该栏答案数字"1"上打"√"。）

项 目	1 完全不符合	2 比较不符合	3 不确定	4 比较符合	5 完全符合
1. 我知道所学专业对学习者素质的要求	1	2	3	4	5
2. 我了解我所学专业的就业状况	1	2	3	4	5
3. 我知道我所学专业在本校的地位	1	2	3	4	5
4. 我知道外界对我所学专业的评价	1	2	3	4	5
5. 总体上我了解我所学的专业	1	2	3	4	5
6. 我乐意从事和所学专业有关的工作	1	2	3	4	5
7. 我在内心里已经接受了我这个专业	1	2	3	4	5
8. 我没有想过要换专业学习	1	2	3	4	5
9. 我对所学专业有比较正面的评价	1	2	3	4	5
10. 我对所学专业的发展前景很有信心	1	2	3	4	5
11. 我对所学专业产生了积极的感情	1	2	3	4	5
12. 我对本校本专业的总体情况感到满意	1	2	3	4	5
13. 总体上我喜欢所学的这个专业	1	2	3	4	5
14. 我经常阅读和所学专业有关的书籍	1	2	3	4	5
15. 我会及时认真地完成专业课程作业	1	2	3	4	5
16. 专业课我能认真听讲	1	2	3	4	5
17. 我把很多时间用在所学专业上	1	2	3	4	5
18. 我对该专业的学习坚持不懈	1	2	3	4	5

续表

项　目	1 完全不符合	2 比较不符合	3 不确定	4 比较符合	5 完全符合
19. 我积极参加和专业有关的实践活动	1	2	3	4	5
20. 我具备较好的专业思维	1	2	3	4	5
21. 我的性格和该专业匹配	1	2	3	4	5
22. 所学专业能够体现我的特长	1	2	3	4	5
23. 我学习该专业感到很轻松	1	2	3	4	5

五、问卷四

我们希望了解过去几周以来您对自己生活状况的看法，请仔细阅读下面的每一语句，参照在您大多数时候的生活状况，把最符合你的观点的数字填写在答题纸上相同题号的后面。请按照您的真实想法和感受，而不是您觉得您应该采取的方式做题，这一点非常最要。

项　目	1 完全不符合	2 不符合	3 有点不符合	4 说不定	5 有点符合	6 符合	7 完全符合
1. 我的朋友都很尊重我	1	2	3	4	5	6	7
2. 我喜欢和我的父母在一起	1	2	3	4	5	6	7
3. 我在学校里感到不舒服	1	2	3	4	5	6	7
4. 我希望自己住在别的地方，而不是现在的地方	1	2	3	4	5	6	7

续表

项　目	1 完全不符合	2 不符合	3 有点不符合	4 说不定	5 有点符合	6 符合	7 完全符合
5. 基本上没有人强迫我做自己不喜欢做的事	1	2	3	4	5	6	7
6. 我在学业上取得了理想的成就	1	2	3	4	5	6	7
7. 我有很多朋友	1	2	3	4	5	6	7
8. 我的家庭是一个幸福的家庭	1	2	3	4	5	6	7
9. 学校的很多事情我都不喜欢	1	2	3	4	5	6	7
10. 我生活的环境周围有许多不如意的事情	1	2	3	4	5	6	7
11. 基本上我都能按照自己的愿望行事	1	2	3	4	5	6	7
12. 我对我的学业状况满意	1	2	3	4	5	6	7
13. 如果我需要，我的朋友都会帮助我	1	2	3	4	5	6	7
14. 大多数时候，我喜欢家长的教育方式	1	2	3	4	5	6	7
15. 我喜欢去学校	1	2	3	4	5	6	7
16. 我生活的地方社会治安好	1	2	3	4	5	6	7
17. 基本上我有自主选择的自由	1	2	3	4	5	6	7
18. 与多数同学相比，我在学校的发展较全面	1	2	3	4	5	6	7
19. 我的朋友们对我很好	1	2	3	4	5	6	7
20. 我的家人在一起相处很和睦	1	2	3	4	5	6	7
21. 我喜欢学校的生活	1	2	3	4	5	6	7
22. 我生活的地方社会风气好	1	2	3	4	5	6	7
23. 我在课余时间能做自己喜欢做的事	1	2	3	4	5	6	7

续表

项 目	1 完全不符合	2 不符合	3 有点不符合	4 说不定	5 有点符合	6 符合	7 完全符合
24. 与我的同学相比，我在学校中得到的荣誉较多	1	2	3	4	5	6	7
25. 我在自己的同伴中很有威信	1	2	3	4	5	6	7
26. 我的父母能平等的对待我	1	2	3	4	5	6	7
27. 我喜欢学校的活动	1	2	3	4	5	6	7
28. 我们生存的世界是和平安宁的	1	2	3	4	5	6	7
29. 基本上没有人干涉我的生活	1	2	3	4	5	6	7
30. 我觉得自己在同伴中很有面子	1	2	3	4	5	6	7
31. 我希望结交与现在不同的朋友	1	2	3	4	5	6	7
32. 我的家庭成员之间相互讲话很友善	1	2	3	4	5	6	7
33. 我在学校的生活很有趣	1	2	3	4	5	6	7
34. 我在学业上很有成就感	1	2	3	4	5	6	7
35. 我与我的朋友在一起有很多趣事	1	2	3	4	5	6	7
36. 我和我的父母在一起能愉快地交谈	1	2	3	4	5	6	7

再次感谢您的参与！

附录二　学习情况调查问卷

同学您好！欢迎您参与此次问卷调查！本问卷为匿名问卷，结果仅用于科学研究，请您根据自己的实际情况放心填写，不要有任何顾虑。首先请填写基本信息。

学校名称：_____　　年龄：_____

性别：1. 男　　2. 女（在数字上划√）

年级：1. 大一　2. 大二　3. 大三　4. 大四（在数字上划√）

认真阅读下表中的每一题，在符合自己实际情况的数字上划"√"。比如第一题，如果您认为您的学习动力完全来源于内部需要，请在数字"7"处打"√"；如果您认为外在要求和内部需要的力量相当，请在数字"4"处打"√"；如果您认为您的学习动力完全来源于外在要求，请在数字"1"处打"√"。数字越小越符合左侧的描述，数字越大越符合右侧的描述。第6和第8题为开放式题目，请您按照自己的实际情况填写。

	外在要求	1	2	3	4	5	6	7	内部需要
1. 你的学习动机来源	外在要求	1	2	3	4	5	6	7	内部需要
2. 你的学习动机强度		1 很弱	2 比较弱	3 有点弱	4 不弱不强	5 有点强	6 比较强	7 很强	
3. 你的学习效果		1 很差	2 比较差	3 有点差	4 不差不好	5 有点好	6 比较好	7 很好	

		1	2	3	4	5	6	7
4. 你对本专业的学习兴趣		很不感兴趣	比较不感兴趣	有点不感兴趣	不清楚	有点感兴趣	比较感兴趣	很感兴趣
5. 自己的学习目标		很模糊	比较模糊	有点模糊	不模糊亦不明确	有点明确	比较明确	很明确
6. 你当初为何选择上大学？								
7. 现实中的大学和自己的预期		1 很不符合	2 比较不符合	3 有点不符合	4 不清楚	5 有点符合	6 比较符合	7 非常符合
8. 你认为影响自己学习动机的因素有哪些？								

感谢您的参与！